基金资助：

山东管理学院学术著作出版基金资助出版

山东省社科规划项目研究成果（项目批准号：23CGLJ29）

山东管理学院博士科研启动基金资助（SDMUD2022008）

数字经济时代创新驱动对企业创新绩效影响研究

屈 燕 ◎ 著

Research on the Impact of Innovation
Driven on Firm's Innovation Performance in

DIGITAL
ECONOMY ERA

中国财经出版传媒集团

经济科学出版社

Economic Science Press

·北京·

数字经济正以不可逆转的趋势改变着人类社会，成为全球经济社会发展的核心驱动力和新"引擎"，给全球生产方式、人们的生活方式和社会治理方式带来系统性、全方位的改革与重塑。习近平总书记强调，当今时代，数字技术、数字经济是世界科技革命和产业变革的先机，是新一轮国际竞争重点领域，我们一定要抓住先机、抢占未来发展制高点。①大力发展数字经济，已经成为推动传统产业转型升级和中小企业开展数字化转型的重要手段，同时，也成为提升企业、城市高质量发展，推动中国经济增长的主要"引擎"之一。而数字经济背景下，创新驱动对企业创新绩效的引领及推动影响意义深远。

本书基于先前研究脉络发现，创新驱动是促使企业成长并获得竞争优势的前置因子，其中市场导向、技术机会更是企业获取竞争优势及绩效利益提高的主要决定因素之一。但回顾文献也发现，相关的创新研究较少从吸收能力的角度去探讨企业如何从繁杂的技术或产品信息中去筛选有用信息，并通过消化、吸收、进而转化为有价值的知识，最后应用知识去有效地提高企业绩效。本书以资源基础理论和知识基础理论为依据，提出从创新驱动到新产品创新绩效必须通过吸收能力来完成；同时，机会感知、环境的不确定性会影响公司对知识的吸收和转化。本书以北京市、深圳市、山东省的高科技企业及互联网企业为样本来源，并使

---

① 徐建. 抓住先机发展数字经济（治理之道）［EB/OL］.（2023 - 03 - 10）［2023 - 05 - 12］. http：//theory. people. com. cn/n1/2023/0310/c40531 - 32641297. html.

用多元阶层回归进行假说验证。研究发现，吸收能力在创新驱动与新产品创新绩效之间起到中介作用。企业需要通过对市场知识、技术知识的获取、同化、转化、应用形成企业独特的能力，为新产品创新绩效的增加提供可能；同时，市场动荡性、竞争强度、机会感知都反向调节市场导向与吸收能力的关系。本书在学术理论与企业管理上提出的建议及给出的后续研究方向，对学界、研界与业界具有重要的参考价值。

目 录
CONTENTS

第1章
绪 论

在全球经济迅猛发展过程中，中国也正逐渐跨入数字经济时代。数字经济正深刻影响着人们的日常生活，改变着人们的就业方式，推动中国产业结构发生前所未有的巨大变化。社会消费者多样化需求的改变，也倒逼企业借助数字网络、依托数字技术，通过数字化赋能来提升企业核心竞争力，推动企业创新绩效实现最大化。对企业而言，数字经济不仅是新经济的增长点，更是推进传统产业进行转型升级的支点，也成为推动中国现代化经济体系的构建和拉动经济的核心"引擎"。

中国共产党第二十次全国代表大会报告中提出"要加快发展数字经济，促进数字经济和实体经济深度融合，打造具有国际竞争力的数字产业集群"①。将建设制造强国、质量强国、航天强国、交通强国、网络强国、数字中国列为推进新型工业化的重点任务。2020 年 11 月，习近平总书记在亚太经合组织会议（APEC 年会）上也提出："数字经济是全球未来发展方向，创新是亚太经济腾飞的翅膀。"② 近年来，数字化经济浪潮兴起，我国数字经济蓬勃发展，2020 年国务院政府工作报告指出，电商网购、在线服务等新业态在抗击新冠疫情中发挥了重要作用，要继续出台支持政策，全面推进"互联网＋"，打造数字经济新优势。2021 年 3 月，"十四五"规划纲要和政府工作报告正式发布，进一步明确了我国数字化发展的路线图，加快建设数字经济、数字社会、数字政府，以数

---

① 高举中国特色社会主义伟大旗帜 为全面建设社会主义现代化国家而团结奋斗——在中国共产党第二十次全国代表大会上的报告［R/OL］.（2022－10－25）［2023－05－12］. https：//www. gov. cn/xinwen/2022－10/25/content_5721685. htm.

② 习近平出席亚太经合组织第二十七次领导人非正式会议并发表重要讲话［EB/OL］.（2020－11－21）［2023－05－12］. https：//www. gov. cn/xinwen/2020－11/21/content_5563112. htm.

字化转型整体驱动生产方式、生活方式和治理方式变革。

2021年11月，中华人民共和国工业和信息化部发布《"十四五"大数据产业发展规划》，为未来五年大数据产业发展提供了行动纲领，提出"加快培育数据要素市场、发挥大数据特性优势、夯实产业发展基础、构建稳定高效产业链、打造繁荣高效产业生态、筑牢数据安全保障防线"六项主要任务和"到2025年，大数据产业测算规模突破3万亿元"的发展目标。《中国互联网发展报告2021》指出，2020年中国的数字经济规模达到39.2万亿元，占GDP比重高达38.6%。《中国互联网发展报告2022》披露，2021年中国数字经济规模达到45.5万亿元，占GDP比重达39.8%。网经社电子商务研究中心发布的《2022中国数字经济政策及发展研究报告》显示，2022年我国数字经济规模将达50.2万亿元，同比增长10.32%。数字经济的迅猛发展推动企业提升对数字化信息和数字化知识的认知地位，对于高科技产业及互联网行业而言，数字化的信息和知识对企业的发展更是重要的创新"引擎"。

同时，新产品的竞争是企业竞争的关键。本书拟构建创新驱动与新产品创新绩效的逻辑结构，探讨环境不确定性和机会感知对新产品创新绩效的影响效果。本章从研究背景与动机、研究目的、研究问题、研究思路及创新点展开论述。

1.1 研究背景与动机

知识经济时代，面对日趋激烈的市场竞争，企业要通过创新来应对动荡、复杂和高度不确定的竞争环境，才能在同行业获得竞争优势（Porter，1980），创新是一个企业、产业乃至国家发展的根本手段。

创新是各国取得全球竞争力的核心要素。政策制定者越来越意识到创新活动是经济进步和创造财富的主要推动力，也是应对环境和健康等领域全球挑战的潜在因素。创新能力的建立已在成功的发展中国家动态增长中发挥核心作用。这些国家已经认识到，创新不仅仅涉及高科技产

品，创新能力必须在国家或企业发展过程的早期建立，以便拥有能够
"赶上"的学习能力（OECD，2012）。创新绩效是确定竞争力和国家进步
至关重要的因素。创新正在成为经济活动的一部分。

同样，创新是创造性思想在企业内部的成功实施。它的原始想法可
能在公司内部产生，也可能从公司的新知识中获得（Porter，1980）。对
企业经营者而言，如何有效地提升企业经营绩效，对目标市场作出更迅
速地回应，创造出新的有价值的产品或服务，获取企业的竞争优势，正
是企业经营者需要思考与面对的课题（Ryzhkova & PesÄMaa，2015）。中
国加入世界贸易组织（World Trade Organization，WTO）加强了与国际市
场的联系，内外部市场竞争的加剧，加速了企业的成长、生存进程。正
因为市场的迅速变化和技术的进步，来自相同行业、相同领域的竞争者
越来越多；同时，随着产品生命周期的减少，企业必须具备更快的应变
能力，抓住技术发展带来的机会，才能在竞争激烈的环境中生存。公司
投入巨大的资源在新产品上，以获得竞争优势，新产品的竞争已成为同
类企业之间竞争的焦点。开发具有独特优势的新产品是企业利润增加的
关键（Langerak，Hultink & Robben，2004；Hee，Hui，Rizal，Kowang &
Fei，2018）。

此外，企业需要具备营销与创新两个功能，才能为顾客创造最大的
价值，从而实现企业经营目标，并取得竞争优势（Drucker，1954）。产品
创新使得企业不仅要开发新产品来回应顾客需求的变化，还要不断创造
和交付附加值高的产品（Ngo & O'Cass，2009）。成功的新产品可以提高
企业品牌形象，提高市场定位，吸引新客户，同时保留现有客户，招聘
新人才，从而产生巨大的收入和利润。

近年来，许多研究指出市场导向对组织绩效的影响有正向关系（Cali-
sir，Gumussoy，Basak & Gurel，2016；Jaworski & Kohli，1993；Lai，2016；
Mahmoud，Blankson，Owusu－Frimpong，Nwankwo & Trang，2016；Poulis &
Poulis，2012）。戴（Day，1994）认为市场导向型的企业能够对消费者的
潜在需求作出评估和预测，更有可能领先竞争对手向市场推出新产品或
新服务，因而更可能获得竞争优势。斯拉特与奈沃（Slater & Narver，

1994）认为创新是一种来源于市场导向能够带来"核心价值创造的能力"。市场导向是透过对顾客的重视而产生较佳的顾客价值以建立竞争优势（Narver & Slater, 1990; Webster & Institute, 1988）。但从信息到创新绩效并非一蹴而成，将市场知识转化成企业行动是企业重大规划和决策的一部分，这个过程甚至会影响企业内部的变化。以市场为导向的公司会设计合适的产品、服务和流程来满足不断变化的市场需求。因此，它被看作是创新行为的过程，而这一过程必须经由消化、吸收、转化成对企业有用的知识。在实现创新过程中，企业需要培养一种知识转换能力，将获得的市场信息和技术信息进行筛选、消化、吸收，转换成对企业发展有价值的知识，从而作出正确的决策，达到创新绩效，实现竞争优势（Lewandowska, 2015; Zahra & George, 2002）。因此，本书以市场导向与技术机会当作创新驱动因子（Dosi, 1988），认为企业必须具备知识转换能力即吸收能力。同时，对于"市场导向与创新绩效"的关系，学者们进行了深入探讨（Jaworski & Kohli, 1993; Tsai & Yang, 2013），并认为这个过程会因为环境的不同而有所不同，如同前面所述，从创新驱动到绩效的获得必须经由企业的吸收能力的培养来达成，而这一过程中，可能会受到不同情境的影响，如企业面临的环境不确定性（Chen, Reilly & Lynn, 2005）。当环境不确定性越高时，企业面临满足消费者的需求或是响应竞争者的举动越强烈，此时，企业更愿意处理外部信息，促使企业消化、吸收并转换成企业有用的知识。另外，当企业拥有较高的感知能力，企业较容易感知机会，并将外部信息过滤，促使组织消化并转化成对新产品开发有用的知识。

1.2 目的意义

经济发展新常态下，数字经济是国家发展的重要"引擎"，而创新是国家强盛的重要支柱。当企业面临激烈的竞争环境，与竞争对手相比，企业现有的产品或服务不能更好地满足消费者需求而失去竞争力，为了在行业取得竞争优势，就要开发新产品来迎接竞争，并根据外部环境的变化不断进行调整。几乎在任何行业里，创造新产品成为企业取得可持续竞争优势的来源（Verona & Ravasi，2003）。回顾近年来关于创新绩效的研究发现，在市场导向和技术机会驱动下，企业能较好地提高创新绩效（Ahimbisibwe，Nkundabanyanga，Nkurunziza & Nyamuyonjo，2016；Lewandowska，2015）。被市场驱动的企业经由创新产生新的产品或服务，可以满足顾客的需求，市场导向对企业绩效影响有正向关系（Poulis & Poulis，2012）；但实际由市场导向到企业创新绩效转换过程中，需要企业对获取的顾客及竞争对手的大量信息进行消化、吸收，并转换为能够促使企业创新的能力，从而取得竞争优势，这种能力即吸收能力（Ryzhkova & PesÄMaa，2015）。

同时，企业会获取大量的外部信息，市场越动荡，产生的信息就越繁杂，就越需要企业去甄别；行业内部竞争强度越激烈，市场、技术信息越繁杂，就越需要企业培养自身的吸收能力，方能在激烈的行业竞争中获得优势。而与此同时，企业机会感知能力越强，越有能力对信息进行筛选，将信息转化成有用的知识。而在环境高度不确定情况下，在较高的市场导向和技术机会的影响下，市场的动荡性、竞争强度、企业对机会的感知能力都会影响企业对信息的获取、消化、吸收及转换能力的培养。因此，企业如何利用内外部资源，特别是利用市场知识和技术机会，将其转变成对新产品开发有用的知识，提高新产品开发的成功率，成为理论界和实践界极为关注的热点课题。

基于以上内容的探讨，目前已有相关研究文献中，探讨信息化对企业创新绩效影响，以及互联网对企业创新绩效影响的研究较多，而探讨数字经济背景下创新驱动对新产品创新绩效影响的研究较少。在研究过程中，本书试图通过分别探讨创新驱动中的市场导向和技术机会对新产品创新绩效的影响，深入揭示创新驱动与新产品创新之间的关系。本书首先在理论上梳理市场导向和技术机会与新产品创新绩效的逻辑关系；其次，探讨企业在市场和技术的推动下，必须把握市场和技术知识，并将其转化企业具有的独特能力；最后，探讨市场动荡性、竞争强度、机会感知能力是否会影响企业吸收能力的培养，即环境的不确定性、机会感知的调节作用。因此，本研究具有较为重要的理论意义和实践意义。

数字经济背景下，企业必须提高创新意识，增强核心竞争力。只有不断将技术和新产品的创新迅速转化为企业的创新绩效，才能保持自身的竞争优势，只有不断地推动新产品创新绩效的路径，才能在激烈的市场竞争中立于不败之地。

1.3 研究问题

多西（Dosi，1988）的研究范式表明市场拉动和技术推动是促使企业创新的主要因素。本书在扎赫拉和乔治（2002）的研究框架基础上，实证调查在市场导向和技术机会两个驱动因子的推动下，企业是如何培养吸收能力，促进企业新产品创新绩效的提升，进而取得竞争优势的。此外，本书还认为环境不确定性和机会感知可能会加速市场知识和技术知识向吸收能力的转换，企业在市场导向和技术机会驱动下，通过吸收能力来推动企业的新产品创新绩效。最后，基于知识的视角，企业之间竞争优势的关键来源不是知识本身，而是其知识生成的过程以及将知识转换成价值的能力，企业通过培养吸收能力，能够有效地利用市场知识和技术知识转化成企业的竞争优势。综合以上内容，本书的研究问题主要有以下几点。

（1）吸收能力在创新驱动和新产品创新绩效的关系中发挥什么作用？

（2）环境的不确定性有助于企业吸收能力的提高吗？

（3）机会感知是否会影响创新驱动与吸收能力的关系？

（4）数字经济背景下，创新驱动对企业创新绩效的研究对政府政策的制定及企业发展有何启示？

1.4 研究思路

本书共分6章，第1章为绪论。阐述研究背景和动机，探讨数字经济时代背景下，创新驱动与新产品创新绩效的关系，介绍研究目的及研究问题，最后说明研究思路。第2章为理论基础与文献回顾。通过对理论基础的论述，讨论创新驱动与新产品创新绩效的关系，探讨环境不确定性及机会感知对创新驱动与吸收能力的影响机理，从而厘清理论架构之间的逻辑关系。第3章在文献梳理基础上，提出本书的研究架构与研究假设的推导。第4章为研究方法，根据第3章文献探讨的结果，针对研究变量进行操作性定义说明，陈述问卷设计的衡量方式、抽样方法等，最后说明本书数据分析所使用的统计分析方法。第5章采用多层回归分析对研究假设进行检验，并进行数据分析。第6章得出本书的研究结论，并对未来研究方向提出建议。本书结构如图1-1所示。

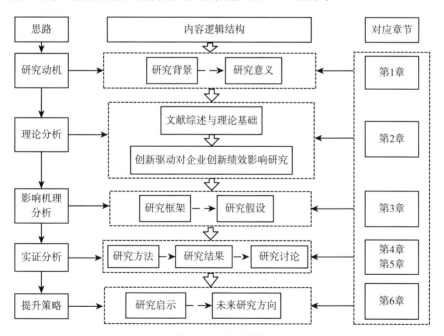

图1-1 本书结构

1.5 创新点

根据知识基础观（knowledge based view，KBV），我们知道知识很重要，但知识本身并不重要，重要的是知识的整合机制，企业通过对知识的有效整合从而取得竞争优势的来源（Grant，1996）。同样，知识本身并不重要，如何将知识透过吸收能力，对知识进行获取、消化、吸收并转化为价值才是企业取得创新绩效的源泉。本书以扎赫拉与乔治（Zahra & George，2002）的理论框架为理论来源，以市场导向和技术机会作为驱动因子，探讨企业新产品创新的过程；同时，探讨在环境不确定性和机会感知两种情境下，创新驱动对企业吸收能力的影响。本书创新点主要包括以下几点。

首先，本书以扎赫拉与乔治（2002）的框架为理论依据，并以创新驱动因子为知识来源，验证知识是企业取得新产品创新绩效从而获得竞争优势的主要来源，并在此基础上对框架进行实证证明。同时，企业的创新主要来自市场拉动以及技术推动（Dosi，1988），受市场驱动的公司呈现高的市场感知能力，能够引导企业具备跨越内外的能力，如企业吸收能力（Day，1994）。很多研究也指出市场导向在培养公司创新能力（Atuahene - Gima & Ko，2001；Slater & Narver，1995）及处理经济危机时（Grewal & Tansuhaj，2001）起到重要作用。营销理论也已经证明市场知识能够推动产品创新绩效的产生（Atuahene - Gima，1995；Atuahene - Gima，Slater & Olson，2005；Day，1994；Li & Calantone，1998），而市场导向和技术机会是市场知识的主要来源。因此，本书从市场导向和技术机会两个角度来探讨创新驱动对新产品创新绩效的影响，在这一影响过程中，企业必须经过对知识的吸收并转化为创新能力，才能最终实现新产品创新绩效的提高，这在理论视角上是个新思路。

其次，企业的外部环境即环境的不确定性对新产品创新绩效也会产生影响。当企业处于不确定性高的环境中，具备较高市场导向的企业能够比竞争对手更快速地了解用户需要，并将其转换成企业及员工能够掌握的能力，进而获得优异的企业绩效（Jaworski & Kohli, 1993）。技术的选择性越多，促使企业成员吸收外来技术知识的可能性就越高。企业为了更好地适应技术环境的变化，会对不断出现的技术机会作出回应，通过技术提升或完善，提高企业自身吸收能力，加速对技术的同化、转换、应用，生产出能更好满足顾客需求的产品。

同时，企业在创新绩效产生过程中还受企业内部资源即机会感知的影响。当公司感知能力较强，企业拥有较高的市场导向时，会获取越多的信息，企业更能区别信息的有用性及筛选有利的机会，从而为公司及员工提供未来发展的方向；同样，企业成员也会比较有明确方向去消化那些有用的信息，并形成公司独特的知识，从而满足顾客的需求，形成新产品创新绩效。

数字经济为中国经济在第四次工业革命中实现换道超车提供了宝贵机遇，为中国经济高质量发展以及中华民族实现伟大复兴带来重要契机。数字经济时代，企业在内外因素的共同作用下培养企业的创新能力，企业要对代表国际先进水平的产品和技术保持高度的敏感度，紧跟世界知识、技术发展前沿，弥补自身短板并努力赶超，取得新产品创新绩效，提高企业核心竞争力，从而更好地推进数字化进程，实现中国经济高质量发展和全面建成社会主义现代化强国的伟大目标。

第 2 章

理论基础与文献回顾

本章通过对相关文献的梳理，厘清各变量间的因果关系及交互作用，并对母体来源产业进行介绍。本书使用的相关理论包括资源基础理论和知识基础理论，这两个理论贯穿整本书的研究框架。

2.1 研究的理论基础

本书中用到的理论基础主要有两个，分别是资源基础理论和知识基础理论，本节将从不同的角度探讨两种理论的详细内容，并分析两者的潜在关系。

2.1.1 资源基础理论

资源基础理论（resource based theory，RBT）的形成起源于彭罗斯（Penrose，1980）的企业成长理论、韦尔森和温特（Welson & Winter，1982）的经济演化理论，在沃纳菲尔特（Wernerfelt，1984）、巴内（Barney，1991）、彼得罗夫（Peteraf，1993）等基础上发展起来，在研究企业战略管理领域发展起来的新兴研究理论。目前，资源基础理论主要从"资源观""能力观""知识观"角度阐述企业在产品、生产要素等方面的独特性，而企业竞争优势来源于这些具有特殊性质的要素，即"资源""能力""知识"。事实上，以上要素可以概括为广义上的资源。

资源基础观将关注点从外部市场结构转向企业资源及能力要素，突破传统产业关于企业竞争优势形成的结构—行为—绩效（structure – conduct – performance，SCP）分析框架，成为战略管理领域的重要核心理论之一。自从彭罗斯（1980）、沃纳菲尔特（1984）将企业成长因素从产品角度转向资源角度后，资源基础观变得异常重要（Barney，1991）。与传统产业经济学聚焦于企业外部环境的分析方法不同，资源基础观通过内部分析方法研究企业间资源禀赋的差异性，说明企业间资源禀赋的差异是企业获得可持续竞争优势来源的重要原因（Barney，1991；Wernerfelt，1984）。RBT描述了相对于竞争对手，企业属性异质性及其内在潜能会影响一个企业获取更多的价值（Barney，1991；Wernerfelt，1984）。同时，彭罗斯（1980）认为企业拥有的生产性资源决定企业竞争地位；认为企业成长不仅源于其内部拥有优势资源的多少，还有拥有有效利用资源的独特能力及途径。

企业要想获得竞争优势，必须掌握有价值的、稀缺的、难以模仿的以及难以替代的四类资源（Barney，1991；Hart & Dowell，2011）。这些资源包括有形资产和无形资产，如企业家精神、技术、资产、生产流程、品牌、数据库以及专利所包含的产品、人力资本、隐性知识、文化、管理艺术等（Barney，Wright & Ketchen，2001）。资源具有难以模仿特征的基本条件包括：与这些资源产生相关联的历史条件具有独特性（如成立时间、政策因素等）；资源与竞争优势之间关联的不明确性；相关资源存在着社会复杂性（Hart & Dowell，2011；Rumelt，1984）。格兰特（Grant，1996）提出企业应该具备利用现有知识开发稀缺及独特的资产的能力。资源基础观（resource based view，RBV）也认为资源本身并不会传递竞争优势，而是企业分配这些资源用于战略活动，有效利用资源，获得可持续的竞争优势从而实现战略目标（Collis，1994）。因此，企业必须开发那些不容易被模仿、内化于组织和不可转移的资源（Makadok，2001）。

因此，企业资源基础理论以公司为分析单位，以公司拥有的资源为基础，认为公司拥有独特的资源是企业获得竞争优势及利润的根本。本书将企业拥有的资源看作企业获取优势的重要来源，而资源中的知识在解释市场导向和技术机会对促进新产品创新绩效、提高企业竞争优势的发展历程中起着引导作用。

据经济合作与发展组织（Organization for Economic Co‑operation and Development，OECD）数据显示，根据四个重要经济体（巴西、俄罗斯、印度和中国，即"金砖四国"）的贸易数据，在 20 世纪第一个 10 年中，这些经济体在高科技产业领域变得异常活跃，其中大部分数据的增长是由中国带来的。然而，中国制造的大部分高科技类产品都出口国外，它们将中国作为其整体生产网络的所在地。在金砖国家（特别是中国）对创新、研发和人力资本不断增加关注，同时，这些国家的创新能力日益增强，都为创新产品提供了新的市场（OECD，2012）。

2.1.2　知识基础理论

知识基础又可以称为知识存量或知识库。本书主要采用知识基础这一词。知识本身也是企业资源的一部分。在管理学界，知识经济概念最早由德鲁克（Drucker，1969）提出，强调世界经济逐渐被知识的生产、扩散与使用所驱动，知识是企业获得同行业竞争优势唯一来源（Drucker，2014）。知识是为了适应未来内外部环境的变化，企业所积累的知识元素的总和（Kogut & Zander，1992）。在诺纳卡和康诺（Nonaka & Konno，1998）等研究基础上，格兰特（1996）阐述知识的价值和企业存在的本质，认为企业更多的是一种知识整合及知识应用组织，而不是知识生产组织，企业知识体现在组织中的规则、技术、员工和其他类型的资源当中。知识异质性是造成公司间绩效存在差异的决定因素，并提出基于"知识"的观点。

知识基础观认为知识作为公司最重要和具有战略意义的资源，公司间创新绩效的决定因素是异质性知识（Grant，1996），并确定下列五项观点：知识为组织的关键生产性资源；信息、技术与技能都属于知识范畴，是否能够清楚表达及易于沟通是隐性与显性知识最大差异；知识由个体通过学习取得，隐性知识存在于个体；由于人类认知与时间的限制，人们必须专注于特定的知识，通过牺牲知识的广度来增加知识的深度；生产出各种不同类型的专业化知识。

企业掌握的知识种类和数量的差异，决定了公司知识基础的显著差异，从而使公司的独特性、公司间绩效差异和公司取得持续成功成为可能。创新实质是对知识的重新整合和对新的知识的再造（Schumpeter，1934；Weitzman，1998）。知识基础观（knowledge based view，KBV）认为企业存在价值在于对知识的有效整合，企业的主要任务是通过建立知识协调机制对知识进行获取、同化、移转、利用，从而提升企业知识的价值，进而取得竞争优势（Grant，1996）。

事实上，知识基础观是资源基础观的逻辑延伸（Grant，1996）。知识基础观从知识的视角来探讨企业行为与绩效间的关系，知识经济时代，企业所拥有的知识已经成为企业开展创新活动的关键，是获得竞争优势的重要无形资产（Nickerson & Zenger，2004）。知识基础观认为"知识"是企业最重要的资源之一，企业存在的原因是企业在知识获取、运用、创造以及商业化方面比市场供应更有效率（Cohen & Levinthal，1990；Grant，1996；Kogut & Zander，1992）。新产品的创新性是企业管理、维持以及创造知识的函数（Grant，1996），并且知识创造过程能够影响企业的规模经济与范围经济（Nickerson & Zenger，2004），现有研究认为市场知识是产品创新绩效的主要驱动（Atuahene - Gima，1995；Atuahene - Gima et al.，2005；Li & Calantone，1998；Moorman & Miner，1997）。企业通过整合其拥有的企业知识，为知识的创造、转移与应用建立一个完善的协调机制，以实现知识的内在价值及形成竞争优势（Brauner & Becker，2006；Li & Tsai，2011）。

综上所述，知识基础观把"知识"看作企业获取竞争优势的来源，知识基础观中最核心的一个假设是公司内部各单元之间的整合而非知识本身培养竞争优势（Grant，1996）。因此，从本质上说，资源基础观和知识基础观是一脉相承的。在本书中，将知识视为企业获取竞争优势的唯一来源，并以创新驱动因子作为知识的来源，在资源基础理论的研究领域，知识基础理论中丰富的研究成果将为本书提供强有力的理论基础。

2.1.3 资源基础理论与知识基础理论

资源基础观认为，公司拥有的有价值的资源是企业获得竞争优势的关键。这些资源通常是有价值的、稀缺的、不易模仿而且不容易替代（Wernerfelt，1984）。根据资源基础观，大公司更有可能实施新产品创新的一个关键原因是资源的可用性更高（Lepoutre & Heene，2006）。企业能够控制的"资产、能力、流程、公司属性、信息、知识"等这些都可以被看作企业资源，它们为企业开展有效性策略提供了基础（Barney，1991）。资源可以分为有形和基于资源的，以及无形和基于知识的资源（Wiklund & Shepherd，2003）。

知识基础观认为知识是新价值创造、异质性和竞争优势的主要资源，在很大程度上扩展了资源基础理论（Grant，1996）。KBV 可以看作是 RBV 的延伸。KBV 的支持者认为知识是企业最重要的战略资源，因为它可以更高效、有效地简化其他有形资源，提高公司的整体绩效并提高企业的创新能力（Grant，1996）。此外，知识基础观包括知识获取（即组织学习）的概念，这有助于解释企业如何同化新的信息以提高公司整体绩效（Eisenhardt，2002）。

KBV 还认为企业通过对外部知识的吸收，转化为企业获得的绩效（Cohen & Levinthal，1990）。RBV 有助于解释企业如何培养在内部开发和利用知识的能力（Abiodun & Mahmood，2015）。企业的创新能力与其所掌握的情报资产、知识及应用息息相关（Subramaniam & Youndt，2005）。面对开放信息，企业同时需要整合员工、顾客、竞争对手、大众媒体内外部的信息和知识来提高自身的知识基础并取得创新绩效（Lin，Che & Ting，2012）。同时，企业需要获取、同化内部和外部知识，重新组合现有和新获得的知识，并将转化后的知识应用于企业绩效的提高（Zahra & George，2002）。

2.1.4 创新理论

熊彼特（Schumpeter，1934）认为创新是一种新的生产函数的建构，因为任一要素的变化都会使得生产函数发生改变，创新通过生产要素与生产条件的新组合，进而对经济发展造成影响。创新不仅是一种技术变动现象的呈现，更是一个创造性破坏的过程，创新成为企业创新绩效提升和国家经济增长的重要因素。创新通常包括产品创新（即引入一种新产品或新服务）、工艺创新（即引用一种新的生产工艺）、市场创新（即开辟新的市场或领域）、原材料创新（即获取新的原材料来源）及组织创新（即企业采取新的组织方式）。

创新主体主要包括从事创新活动的研发人员，来自企业、政府、高校、科研院所中从事创新工作的人员，特别是企业家，面临着竞争者的威胁、来自市场消费群体的偏好改变及引入新产品的风险压力（张昕蔚，2019）。企业家所具备的以创造力、智力、意志力、抗压力和行动力为代表的企业家精神，推动企业开展一系列创新活动，进而影响其他企业的效仿，这种创新、效仿、适应，最终会扩大破坏性创新的范围，进而对整个企业、产业结构，最终对省市、国家的经济产生重要影响（陈晓红等，2019）。

综上所述，创新以企业的价值增加作为目的，它是新的生产要素和生产条件的重新组合，也成为生产体系环节创新的重要内容；特别是数字经济时代，创新已经成为影响企业高质量发展，进而影响一个省市乃至一个国家经济高质量发展的重要"引擎"。

2.2 数字经济背景下的创新驱动、吸收能力和新产品创新绩效

大力发展数字经济，对于深化供给侧结构性改革，推动新旧动能连

续转换，实现我国经济高质量发展，意义重大，机遇难得。数字经济既是融合互联网技术、大数据技术、区块链技术、物联网技术及自动驾驶技术为一体的新型经济形态，也是现有工业在数字技术基础上产生的新业态，还包含将数字技术与实体经济进行深度融合后产生的相关数字经济新模式，如智能制造、智慧农业、智慧交通、智慧医疗、移动支付等，随着技术的进步，在未来还会衍生出新的商业模式（邱洋冬，2022）。数字经济可以有效发挥促进效率和公平统一的作用。

数字经济是在数字技术的研发、数字基础设施建设和新的商业模式发展下，信息经济和互联网经济融合发展的结果，以高渗透性和通用性为特征，以5G、云计算、物联网、大数据、人工智能等技术为引领（惠宁和白思，2021）。数字经济下的平台经济、共享经济等，从本质上来说是数字经济背景下，在数字技术发展下商业模式变迁的典型代表，具有重要的网络外部性及高效匹配的特征。数据作为关键的生产要素，对于传统经济赋能、技术效率的提高、规模经济的形成具有重要作用。

2.2.1　数 字 经 济

党的二十大报告指出，加快发展数字经济，促进数字经济和实体经济深度融合，打造具有国际竞争力的数字产业集群。[①] 艾媒数据显示（见图2-1），2021年中国数字经济规模已达47.6万亿元，占GDP比重为43.5%。数字经济对我国国民经济的发展具有重要推动作用，成为推动经济高质量发展的重要"引擎"。

关于数字经济的定义，各个国家对数字经济概念的界定也有所差别。例如，日本政府把数字经济界定为电子商务；美国和英国则认为数字经济是电子商务与信息技术产业的结合体，将数字经济的发展作为产业结构调整和升级的重要途径；尽管存在表述的差异，但各国政府基本认同

[①] 高举中国特色社会主义伟大旗帜 为全面建设社会主义现代化国家而团结奋斗——在中国共产党第二十次全国代表大会上的报告［R/OL］．（2022 – 10 – 25）［2023 – 05 – 12］．https：//www. gov. cn/xinwen/2022 – 10/25/content_5721685. htm.

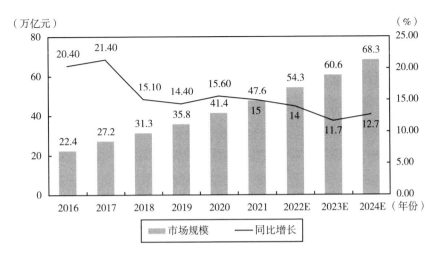

图 2 - 1　2016～2024 年中国数字经济总体规模及预测

资料来源：艾媒数据中心。

一个观点，即数字经济依托互联网等技术的发展，是一个系统的、跨部门的融合。

2016 年，二十国集团（G20）在《二十国集团数字经济发展与合作倡议》中，将数字经济定义为一系列经济活动，它包括以数字化信息及知识为代表的关键生产要素，以互联网和大数据为代表的新兴技术的有效使用，作为载体和效率提升、经济结构优化的重要推动力。

学术界对数字经济内涵及特征的解读已达成共识。通过查阅文献，在 2018～2023 年，与数字经济相关的文献逐年增加，"数字经济"和"数字中国"等相关战略已经成为指引企业、社会、经济高质量发展的重要"引擎"。

1996 年，数字经济之父唐·塔斯考特（Don Tapscott）在《数字经济：网络智能时代的希望与威胁》一书中提出了"数字经济"概念，认为美国信息高速公路普及后将出现新的经济体制，宣告数字经济时代的到来。美国商务部在 1998～2000 年连续出版名为《浮现中的数字经济》（Ⅰ、Ⅱ）和《数字经济》的研究报告。进入 21 世纪后，数字经济的概念被不断传播并被接受和认同。

20 世纪 50 年代，随着数字技术的扩散并与不同产业相融合，对产业结构的优化和经济社会的发展产生了深远影响。在经济学者马克·波拉特撰写的《信息经济》一书中指出，工业经济时代，信息作为非常重要的生产要素，能够大力推进生产力的提高与进步。信息经济相关研究开始受到重视。20世纪八九十年代，互联网技术的日益成熟使信息技术对传统信息处理方式产生了巨大挑战。20世纪末，大数据、云计算等新兴数字技术的快速发展推动传统产业进行数字化转型的同时，也出现了新的产业和新的经济运行模式。彼得·德鲁克（Peter Drucker）将数字经济称为信息经济，丹尼尔·贝尔（Daniel Bell）将数字经济称为超工业社会。

数字经济的快速发展，也得到了国内外学者的高度关注。研究主要集中在以下几类。

关于数字经济内涵的研究。唐·塔斯考特在其书中提出"数字经济"一词，但并未对数字经济作出明确的定义。艾力克和布莱恩（Erik & Brian，2000）认为数字经济与信息技术相关，是信息的数字化。数字经济是信息化技术与经济发展融合的结果（许宪春和张美慧，2020），数字经济对个人、企业及社会间的关系产生了重要影响（赵星，2016）。数字经济的本质是信息化（孔德林和王晓玲，2004；任保平，2020）。数字经济时代，数据作为一种生产要素，成为联结创新、激活资金、培育人才、推动产业升级和经济增长的关键生产要素。

关于数字经济的作用，数字革命突破了历次产业革命的不足与约束，重塑并深刻影响着世界经济格局（Zysman & Newman，2006）。数字技术将数字信息进行要素化和产业化，渗透和应用到经济社会的各个领域，推动着工业经济向数字经济的转变（汪旭晖，2020）。数字经济是经济社会发展到一定程度所呈现出的新的商业模式，是继农业、工业后出现的第三种社会形态（荆文君和孙宝文，2019）。

很多学者基于数字经济视角进行了相关研究，例如，开展数字经济内涵、发展状况、测度指标相关文献的梳理（徐清源、单志广和马潮江，2018；吴湘玲，2020），以及数字经济助力经济高水平发展（焦勇，2020；丁志帆，2020；蓝庆新和赵永超，2021）。

数字经济的基础是大数据的发展。全球权威的 IT 研究与顾问咨询机构 Gartner（2012）认为"大数据"是一种信息资产，具有海量性与多样性的特征，通常进行特殊处理后发挥在决策、流程上的优势；而麦肯锡全球研究院（2011）认为"大数据"是一个数据的集合，其所拥有的海量信息、较快的流转速度、多样化的类型和价值密度低的特点，使其在数据资源的获取能力、存储能力、管理与分析处理的能力，要远远超越传统数据库软件工具。2015~2022 年中国大数据产业政策关键词梳理如表 2-1 所示。

表 2-1 2015~2022 年中国大数据产业政策关键词

年份	关键词	关键节点
2015	国家大数据战略、教育革新	大数据完成顶层设计，上升为国家战略
2016	信息流、大数据管理、数据开放共享、国家大数据中心	行业大数据政策文件陆续出台
2017	国家大数据战略、与实体经济深度融合、数字中国、数字丝绸之路	地方政府积极出台大数据相关政策
2018	国家大数据战略、数字经济、与实体经济深度融合、数字中国、数字丝绸之路、数字世界	地方政府陆续成立大数据局，着手机制建设
2019	数字经济、数字丝绸之路	大数据融入人工智能、数字经济、数字治理、个人信息保护等相关政策体系中
2020	数据生成要素、数据治理、隐私计算、一体化大数据平台、DataOps、数据与分析能力的平民化、计算与存储分离、分布式数据库、图数据库、大数据服务体系	统筹建设国家工业大数据平台，推动工业数据开放共享，激发工业数据市场活力，深化数据应用，完善数据治理
2021	数据要素、数据安全、DataOps、隐私计算、服务体系、与云融合、实时计算、数据湖、数字孪生和硬件变革	"十四五"规划涉及多个新基建项目，部署国家枢纽节点及"东数西算"，新型数据中心发展计划，差别电价，全国绿色电力交易试点启动
2022	政策、理念、技术、安全	进一步完善顶层设计；持续夯实企业数智化转型理论基础；有力支撑数据要素价值挖掘和高效流通；促进数据产业红线进一步清晰

资料来源：《2022 年中国大数据产业发展白皮书》。

　　数字经济为经济高质量发展提出了新的增长点，形成了数字经济背景下的新动能，国家创新驱动发展要依赖于数字经济这一重要途径。

2.2.2　市场导向

　　营销战略和管理战略的一个重要基础就是市场导向理论。市场导向是公司取得竞争优势并为消费者创造独特价值的重要条件。20世纪90年代初，以贾沃斯基和科利（Jaworski & Kohli，1993）、纳瓦和斯莱特（Narver & Slater，1990）为代表的对市场导向的研究主要从组织行为和组织文化两个角度展开，形成了"行为观"和"文化观"两大主流观点。他们认为，市场导向包含对市场情报的收集、部门间信息的共享与交流以及对信息作出反应的一系列过程。对于市场导向的定义，大多数学者基本认同行为观和文化观。

2.2.2.1　行为观

　　市场导向行为观把市场导向界定为一系列的行为或活动。提出市场导向是指收集有关顾客和竞争者等市场信息，并在整个组织内部进行共享和传播的一系列信息处理过程与行为（Kohli & Jaworski，1990）。

　　第一，公司各部门需要掌握消费者当前需求、未来潜在需求及影响因素。市场情报是比客户的言语需求和偏好更宽泛的概念，其中包括分析影响顾客需求和偏好的外在因素，监测影响客户需求与偏好的政府相关法规及竞争对手行为，监测影响客户偏好的因素及预测客户内在需求，这类市场情报是相当重要的，因为企业开发新产品通常需要数年时间。

　　第二，企业各部门之间分享、传播市场情报。为适应市场需求，必须在企业各部门之间传达、传播市场情报。市场情报的有效传播相当重要，为企业各部门间的协调并采取统一行动提供基础。横向沟通是市场情报在部门内部和部门之间发生的横向流动（Daft & Steers，1981），用于协调人员和部门，以促进实现整体组织目标，它是企业内情报传播的一种重要形式。

第三，各部门参与满足客户需求的市场信息的传播，并采取相应的行动。回应能力是对市场情报的响应。企业会根据掌握的市场情报采取相应行动。对市场情报的响应形式多样，主要包括对目标市场进行选择，设计和提供满足其当前及预期需求的产品/服务，选择不同生产、配送及推广方式，从而引起客户共鸣。一个市场导向型的企业，包括营销部门在内的所有部门都要对顾客的需求进行回应。

上述目标的实现得益于企业各部门的通力合作，及时、有效的反馈，并时刻保持与外部环境的联系及相互作用。行为观强调市场信息是企业采取行动的基础，尤其关注了解顾客当前和潜在需求信息，并把它看作获取足够资源来支持市场信息活动和满足市场需要的前提条件。

2.2.2.2 文化观

市场导向文化观将市场导向界定为一种文化形态，最早由纳瓦和斯莱特（Narver & Slater，1990）提出。他们认为市场导向并不是一种单纯的营销工作，而是由顾客导向、竞争者导向、跨部门间协调合作等三个部分组成的管理策略核心。企业以了解顾客的需求作为出发点，收集市场信息，借助跨部门间的沟通与协调来取得彼此间的共识，发挥企业本身的能力，创造出有竞争力的产品或服务，共同努力达到企业经营目标（Narver & Slater，1990）。他们对持续竞争优势和市场导向两方面的大量文献进行深入分析后，将市场导向界定为组织内的一种文化形态，认为市场导向是"一种组织文化，在这种文化下，组织鼓励为创造卓越顾客价值进而实现企业高利润的一系列行为和活动"。

尽管学者从不同研究视角对市场导向概念进行界定，对市场导向测量方法也有所不同，但大部分实证论文中，市场导向量表的操作性定义主流还是以贾沃斯基与科利（Jaworski & Kohli，1993）、纳瓦与斯莱特（Narver & Slater，1990）定义的量表为主，后来的学者大多在这两个量表基础上根据自己研究问题的特殊性修改量表部分测量项目。

本书中，我们采纳科利和斯莱特（Kohli & Jaworski，1990）的定义，将市场导向定义为公司能够产生、传播和使用其客户及竞争对手良好信息的能力（Kohli & Jaworski，1990）。同时，企业以顾客为中心，了解顾客的需求和偏好，整合营销，以盈利为目的，是市场导向的几个主要特征。

2.2.3　技术机会

创新活动需要掌握创新产品的特征、功能，了解顾客的消费需求和消费心理，并在营销实践中把创新产品与顾客关联起来，进而实现创新产品价值创造的过程。技术创新的动力来源于市场，通过市场来对其进行效果的检验，技术机会是企业开展创新活动的关键（Cohen & Levinthal，1989）。技术创新的本质是通过掌握技术机会来生产满足消费者不同的产品需求，企业能否准确抓住技术机会，并成功引入市场，将决定创新是否成功。而技术机会是市场创新的基础，为市场创新的开展和实现提供了可行性。技术机会是由相关技术知识创造出来，包括一系列科学基础、技术本身及相关设备（Mckelvey，2016）。

企业竞争优势来自知识，为了获得好的竞争优势，具有高技术机会感知能力的企业，必须能够快速处理竞争对手、市场及顾客信息（Galbraith，1973）。拥有较高技术机会的企业，想在所在行业取得竞争优势，必须要对大量市场、竞争对手、顾客的信息迅速处理。具有高水平技术机会感知能力的企业，通常以经常引进产品或过程创新，以及较高的研发、专利投入为特征。

一个企业的创新，来自技术推动和需求拉动（Dosi，1988）。前人研究表明技术机会对创新产品和公司绩效有重要影响（Baysinger & Hoskisson，1989；Kelm，Narayanan & Pinches，1995）。新技术领域（new technology domain，NTD）的成功进入对于企业的长期绩效至关重要，企业面临丰富的技术机会，使企业较容易进入新技术领域，从而取得绩效（Leten，Belderbos & Looy，2016）。

有些公司通过积极开采和培养他们的技术能力来挖掘新的机会，如惠普和索尼公司利用充分的技术知识来积极回应环境中的机会（Zahra，1996）。企业所处行业中，技术变化速度较快，即技术波动大时，企业需要追踪并研发新技术，以适应技术的快速变化，这就需要让企业将感知到的技术变化信息，通过引进新技术或自主研发来转换成自己的能力，这也会让企业在困难的学习环境下增加更多的研发投入，从而取得竞争优势。

但拥有更多的技术选择并不代表企业能够作出正确的选择，选择了相应技术也并不代表能够生产出创新的产品，因为如果企业无法消化这些技术也就无法生产出创新的产品。因此，企业拥有的技术机会越多，可获得的顾客、竞争对手的信息越多，这些信息会增加企业培养吸收能力的动机，在更加有挑战性的学习环境中增加必要的研发投入来培养企业的吸收能力（Zahra，1996）。所以，技术机会要通过消化吸收才有可能产生新产品创新绩效。本书采用吉罗斯基（Geroski，1990）的定义，将技术机会定义为管理者的感知能力，通过产品与过程创新来支持和产生新的增长机会。我们根据扎赫拉（Zahra，1996）的研究，认为技术机会的操作性定义主要"从行业里产品创新的机会丰富程度""行业里技术创新机会的丰富程度""行业中研发支出投入及行业里重大技术突破的机会的丰富程度"来衡量。

2.2.4　吸收能力

研究者发现创新型的公司比非创新型公司在利润、市场价值及生命力方面有更好的表现（Geroski & Reenen，1993）。在开放式创新环境中，对外部信息／知识的有效获取是企业创新能力培养的重要前提。而企业的吸收能力是企业获取外部知识为自身所用的基础，吸收能力能解释企业如何获得顾客信息及应用这些信息的理论构架（Ryzhkova & PesÄMaa，2015）。吸收能力不仅可以作为处理外部知识的工具，还可以作为在公司内部传递知识的渠道（Xie，Zou & Qi，2018）。

科恩与利文索尔（Cohen & Levinthal，1989）认为吸收能力是企业以较低的成本获取知识的重要前提。吸收能力是企业具备的从企业外部环境中获得、吸收和利用知识的能力。科恩和利文索尔（Cohen & Levinthal，1990）将吸收能力的观点从个体层面延伸到组织层面，并对吸收能力的构念进行重新界定，认为吸收能力是"企业意识、感知到外部新的信息，并对外部知识进行同化、吸收，将其进行商业化应用"的能力。吸收能力促进企业利用好外部新知识，并能准确预测未来技术发展趋势，要先于竞争对手感知到这种趋势并及时把握机会（Cohen & Levinthal，1994）。

扎赫拉与乔治（Zahra & George，2002）从动态能力视角拓展吸收能力概念，将吸收能力定义为一系列的组织流程和惯例，是企业获取、同化、转化和利用知识形成一系列动态能力的过程，并将吸收能力从潜在吸收能力和现实的吸收能力两个角度去分析。潜在吸收能力包括知识的获取和消化，而现实的吸收能力包括知识的转化和应用。吸收能力是指获取、理解、使用并最终利用组织外部可用知识的能力（Tortoriello，2015）。

基于以上讨论，本书将吸收能力定义为一套组织程序和过程，通过这套过程，企业获得、同化、转化和利用知识以产生一个动态组织能力。这四种能力能够代表吸收能力的四个维度，在解释吸收能力如何影响组织结果中发挥不同但互补的作用（Zahra & George，2002）。

近年来，学者运用吸收能力来解释跨国的技术转移（Mowery，Oxley & Silverman，1996）、国际化战略联盟的效率（Lane & Lubatkin，1998；Lane，Salk & Lyles，2001）、组织层面的创新过程以及组织学习对创造可持续竞争优势的影响（Lane & Lubatkin，1998；Lane et al.，2001）。

同时，国内外学者也探讨了吸收能力的前置因子，即影响因素。例如，科恩与利文索尔（1990）提出个体相关知识背景对个人吸收能力产生重要影响，而员工个体吸收能力、知识水平以及公司内部知识沟通和共享会对企业吸收能力产生重要影响。不同的组织形式和知识整合能力也会影响吸收能力（Oomens & Bosch，1999）。人力资源实践（如评价、培训、薪酬、晋升等）对吸收能力产生作用是通过员工能力和员工动机进行的（Minbaeva，Pedersen，Björkman，Fey & Park，2003）。管理者仅通过对外部知识的获取而作出的决策并不能提高绩效，只有将获取的信息经过整合、转换成知识才能提高新产品创新绩效（Kotabe，Jiang & Murray，2011）。企业吸收能力与其创新绩效紧密相连（Tsai，2001）。除此之外，一些因素也会对吸收能力产生影响，如企业外部知识环境和在知识网络中所处的位置会影响企业吸收能力（Daghfous，2004）。知识共享通过提升员工和企业知识存量来提高吸收能力，这些观点是在科恩和利文索尔（1990）的研究基础上发展起来的。

吸收能力的结果即产出，学者研究大多集中在创新方面，如企业吸收能力对国家创新力和生产力的发展具有重要作用（Mowery et al.，1996），吸收能力有助于提升企业创新的速度、频率和范围（Dong & Kogut，1996；Helfat，1997），还有学者将其与研究和发展投资相关联并简化对创新水平的测量（Lane，Koka & Pathak，2006）。有的学者认为现实吸收能力对知识的转化与利用将通过产品和过程创新对公司绩效产生影响，潜在吸收能力可利于企业灵活地以较低的成本对资源和时间进行重新配置。吸收能力可以帮助企业开发新产品并强调管理人员对企业内外部知识的需求（Zhang，Zhao & Lyles，2018）。吸收能力会对企业商业产出（产品、服务、专利）及知识产出（常规、系统、技术上和组织）产生较高影响，进而提高企业绩效（Lane et al.，2006）。企业越注重获取、吸收、转换能力的培养，就越能提高绿色创新，从而提高企业绩效（Gluch，Gustafsson & Thuvander，2009）。有学者利用三年时间对120个有着稳定增长率的企业进行追踪，发现与顾客合作也会对企业吸收能力与企业创新绩效的关系起到中介作用（Ryzhkova & PesÄMaa，2015）。因此，吸收能力作为一种非常有效的资源对企业创新非常重要（Garrido，Parente & Goncalo，2017）。

同时，吸收能力、创新能力、创新绩效、竞争优势等变量间的关系也会受到知识环境、知识特性及独占性制度等因素的调节影响。知识环境包括知识动态性和稳定性，组织的知识环境会影响企业吸收能力的开发（Bosch，Volberda & Boer，1999）。

综上所述，前人的大部分研究强调吸收能力在相关议题中扮演的角色，经常被作为调节变量（Guimaraes，Thielman，Guimaraes & Cornick，2016）。而对吸收能力的影响因素（前因变量）的研究较少从创新驱动的角度去探讨，特别是把市场知识和技术机会作为知识的来源。因此，本书从创新驱动角度去探讨在高的市场导向和技术机会下吸收能力的作用及对创新绩效的影响过程，具有一定的创新性。

2.2.5　创新及创新驱动

2.2.5.1　创新

"创新"是经济研究中的一个经典概念，由熊彼特首次提出，并一度成为推动世界经济发展的永恒主题。

熊彼特在《经济发展理论》一书中将"创新"界定为一种"新的生产函数"，通过各种生产要素不同比例的投入，会改变生产能力的变化，从而提高社会潜在生产力。20 世纪 50 年代，美国学者彼得·德鲁克认为创新能够将人力资源和物质资源做到最大程度的发挥，形成更大规模的财富创造。创新的机会来源于市场的薄弱环节，新的知识的出现及新的市场需求都给创新提供了机会。

罗伯特·默顿·索洛（Robert Merton Solow）在 1951 年首次提出了创新不仅仅是技术方面的革新，同时也包括将新技术推广和应用于市场的过程，从而肯定了技术创新是将科技成果转化为商品并在市场上成功交换、获得经济效益的过程。在实现创新的过程中，价值实现是至关重要的关键环节。为了使创新更加成功，我们需要采取措施，将新技术快速地投入市场，确保它们具有良好的市场前景，并获得市场的认可。这需要有一个完善的市场营销策略和销售渠道，以确保新技术可以成功落地，并创造经济价值。因此，除了技术方面的创新外，市场化推广和产业化应用同样重要，是成功实现创新并实现经济效益的关键因素。

创新和发明是不同的概念，只有成功地将创新转化为具有价值的产品或服务，才能称之为有意义的创新。然而，在现实生活中，人们经常将创新与发明混淆，忽视了它们之间的区别。创新是一种以构思新颖和成功实现为特征的非连续性、破坏性事件，涉及新思想、新产品和新方法的创造、发明和再发明等复杂过程。它是一个已知最复杂、开放和不断变化的创新系统，因此是一个主观概念，对于采用它的个体而言，有时是新颖的，但对创新本身而言，有时却并非新颖。创新的目的是方便个人、组织或更广泛的社会，促进经济和社会的发展。

创新是一个社会活动，其强度与发展受到法律、制度、风俗和管制等因素的影响。创新是企业生产要素组合和创新系统结构的改进与变革，旨在建立一种新的生产经营系统，该系统具有更高的效率和更低的成本。在某种程度上，创新过程是将知识、技能和物质转化为市场接受或顾客满意的产品，实现旧结构向新结构的自组织动态演化系统。因此，成功实现创新需要不断追求新的思路和方法，以满足消费者的需求，并促进社会的发展。

随着时间的推移，学者们对于熊彼特的创新理论的发展主要基于技术创新视角。艾诺斯（Enos，1962）采用行为过程视角，认为技术创新是一系列行为的综合结果，包括发明的选择、资本的投入、组织的建立、计划的制订和市场的开辟，其实质在于新技术的产生和应用（柳卸林，1993）。技术创新是企业以营利为目的，以市场为导向，重新组织生产要素，建立生产效率更高的经营系统，以实现创新成果的商业化转化（傅家骥，1998）。厄特巴克（Utterback，1971）将创新定义为发明首次被商业应用，达曼普尔（Damanpour，1991）认为创新可能是一种新的产品或服务、一种新的流程技术、一种新的管理系统及结构或是一种组织成员的新计划。1999年，《中共中央、国务院关于加强技术创新，发展高科技，实现产业化的决定》明确提出，技术创新是企业采用新的生产方式和经营模式，开发新产品，提供新服务，实现市场价值的过程。

随着经济的快速发展，中国已经摆脱了传统以模仿和适应为主的技术创新类型，前期通过从发达国家引进技术、消化、吸收，伴随政府主导下的创新发展，中国已经增强了原生性创新能力，形成了具有独立知识产权的自主创新，这也是美国成为全球创新能力强国的关键所在（李平和刘志勇，2001；薛求知和林哲，2001）。自主创新是在引进、消化及改进国外技术的过程中，通过自身努力，攻破技术难关，形成有价值的研究开发成果，完成技术成果的商品化，并获取商业利润的活动（陈劲，1994），其发展基础包括自主研究开发基础和引进技术基础（杜谦和杨起全，2001）。虽然自主创新更多的强调创新技术的原始性，但自主创新并不意味着取缔技术引进，而是要在引进技术的基础上加强对先进技术的消化吸收和再创新。自主创新是通过独立研发新的产品技术和工艺技术，增加新产品供给，提升新产品的市场竞争力（余江和方新，2002）。创新是一个复杂的互动学习过程，涉及新观念、新发明、新产品的开发、设计、生产、营销新战略和新的市场开发等一系列活动（王聪和何爱平，2016）。

自主创新能力的提升有助于地区将知识转化为新产品、新工艺、新服务的能力，进而提升区域科技创新和竞争力（罗珉和李亮宇，2015；刘洋、董久钰和魏江，2020）。在全球化的背景下，外部先进技术的可获得性不断增强，全球科技资源的互联互通也有助于提高我国的自主创新能力（党琳、李雪松和申烁，2021）。在技术创新过程中，不同的创新并非均匀、孤立地分布于时间轴上，而是存在群集现象（辜胜阻和刘传江，1998），其中集中性是最普遍的创新特征之一（李晓华，2019）。此外，陶长琪和齐亚伟（2014）指出不稳定性是创新系统演化的固有特征，临界点上随机"涨落"力的驱动是决定创新系统失稳后演化路径的重要因素，创新过程充满着不确定性。

创新的含义因学者的不同视角而有所不同，因此也被分为多种类型。根据创新的程度可分为渐进式创新、系统式创新和突破式创新（Dewar & Duttons，1986）。渐进式创新是指对现有产品、服务、生产系统等进行改良、修正或提升；系统式创新是指用新的方法将传统的生产要素重新组合，使之产生新功能；突破式创新是指产品、服务、销售系统等全新的突破。陈劲和郑刚（2013）将创新类型分为渐进性创新、重大创新和突破性创新。渐进性创新是指在原有技术轨迹下对产品或工艺流程等进行程度较小的改进和提升；重大创新是指在现有技术轨迹和商业模式下重大的新产品的产生，或对现有产品或服务进行重大改进；突破性创新是在重大创新的基础上在科学技术上的突破。按照创新的内容可分为产品创新、工艺创新和服务创新。产品创新是指引进或开发新的产品或服务，或对现有的产品或服务进行改进；工艺创新是指改变或变革制造方法、供给或服务方式等；服务创新是指在服务中引进新技术，并将服务引进市场。根据创新的表现形式，又分为技术创新、管理创新、组织创新、金融创新和营销创新（吴晓波、胡松翠和章威，2007）。技术创新是指使用已有的新技术或创造新技术；管理创新是指新的管理方法或系统的使用；组织创新是指新的组织框架的应用；金融创新是指保障或运用资金的新方法；营销创新是指产品或服务的新方法。此外，还有制度创新，即制定新的制度和政策；知识创新，即通过实验性的研究开发活动和经验性的实践活动获得知识。

熊彼特（1934）将创新定义为已发明的事物，为社会可以接受并具有商业价值的活动，即指当一项新产品或服务第一次商业化应用，开创出新市场，为消费者提供新的功能或新的产品，其模式包括新产品、新流程，也指组织产生或接受新创意、流程或产品服务（Brynteson，2010；Garcia & Calantone，2002；Sloan，2013）。

创新可以是通过引入公司运营以提高效率的新过程，或通过引入市场以满足客户需求的新产品和服务（Afuah，2003；Ozer & Zhang，2014）。因此，新的观念、新的方法、新的产品，与现有市场不一样，都可以被称为创新。本书中，我们认为创新是一个新的理念或行为的采用，包括产品、服务、技术或管理等（Damanpour，1991；Oerlemans，Meeus & Boekema，1998）。

创新驱动的创新主体主要是企业，是指在内、外因素的驱动下，产生的创新欲望和要求，从而开展的一系列创新活动的集合。市场拉动和技术推动是促使企业创新的主要因素（Dosi，1988）。在此，本书主要以市场导向和技术机会作为促使企业获得创新绩效、培养竞争优势的两个主要驱动因素。同时，由于创新对企业利润的重要性，衡量在创新驱动因素下，企业是否取得预期及达到一定的绩效，更成为当前学者和企业家的关注重点。

2.2.5.2　创新驱动

随着时代的变迁和市场的发展，社会经济进入了创新驱动的时代。创新成为推动国家经济发展的重要驱动力之一。迈克尔·波特（1990）在《国家竞争优势》一书中提出了创新阶段是产业发展和市场竞争力提升的重要阶段之一。波特认为，一个国家的发展阶段可分为四个阶段——要素阶段、投资阶段、创新阶段和财富驱动阶段。前两个阶段主要依赖于资源和劳动力，用于建立产业规模和产业环境，这两个阶段是生产要素和资源驱动的发展时期。

进入第三阶段，产业发展已经进入技术驱动时期。在创新阶段，创新成为经济增长的主要动力，而技术创新则成为推动产业发展的核心力量。创新驱动发展意味着从过去依靠技术学习和模仿的方式转向自主创新、设计、研发和发明以及知识生产与创造的方式来推动经济增长，强调科技创新对经济社会发展的推动作用。而进入第四阶段，发展主要依靠资本推动进行。

熊波特提出的理论思想为产业发展中的技术创新提供了基于理论角度的定义，这使得创新驱动第一次从企业各项要素中被提取出来，并成为经济发展分析中具有代表性价值的重要因素之一。洪银兴（2013）指出，技术与管理方面的创新对于经济发展至关重要，而创新驱动所产生的动力需要依托于知识资本、人力资本等无形要素的功能性作用才能实现。因此，创新驱动的概念描述为：通过科学配置知识、技术、管理等无形资源，使其发挥更大的投入产出绩效比，从而构成有关活动及其动力的推动力量。

与传统意义上的企业资源相比，创新要素在企业发展的某些阶段所起到的作用尤为重要，其作用远超过资本、资源、产品、生产力等要素。同时，创新要素也具有一定的时效性，某一时期具有创新性的要素在超过其技术发展阶段后就不再具有创新性，其对企业发展所起到的驱动作用也会逐渐降低（洪银兴，2013）。因此，创新驱动在其技术尚未发展到较高成熟阶段时对企业产生的决定性影响最为显著。

在学术界，许多专家学者认为，创新带来的经济驱动作用是扩大传统企业要素和资源的边际收益。对于企业而言，一旦劳动力和资源的投入达到一定程度，进一步投入所带来的价值增长就会递减（李海超、李志春和杨杨，2017）。因此，企业想要获得更大的发展空间，仅仅依靠生产力和资源的投入是不够的。而通过技术创新，企业可以突破发展"瓶颈"，实现资源配置效率和投入产出比的质变提升（龙建辉，2017）。在具有行业前瞻性的市场环境下，这种技术创新对企业竞争优势的影响最为显著。技术和管理方面的创新可以打破企业生产边际收益递减曲线，从而推动企业发展突破经济发展"瓶颈"（游达明和孙理，2017）。

国外学者对创新驱动的研究主要从单一要素的概念分析入手，如技术创新、制度创新和协同创新，然后发展到多要素层面的分析，最终演变为对创新驱动系统的研究。

自从美国著名学者迈克尔·波特明确提出创新驱动概念并按照经济发展阶段分类之后，越来越多的国外学者开始关注技术创新作为创新驱动的关键载体，并对其展开了相关研究。在2003年，美国国家科学研究委员会（National Research Council）指出不同时期技术创新的表现形式各不相同，但都对经济发展产生了巨大的推动作用。通过对欧洲样本企业的调研发现，技术创新是企业参与创新活动最重要的方式之一，企业的创新活动需要技术创新的支持（Koellinger，2008）。随着人类进入知识经济时代，越来越多的学者开始关注协同创新，把协同的思想引入创新领域中，提出协同创新是采用现代化的网络技术，将每个参与创新工作的个体连接在一起，打破孤立的局面，鼓励互相合作达成共同的目标（Best，Rehberg & Schraudner，2017）。

实际生产环节中，创新驱动远比想象的要复杂，更应该从多因素的层面来全面考虑创新驱动问题（Freeman & Soete，1997）。一些发达国家最早采用了考虑多因素层面的方法来研究创新驱动。由于不同国家的基本国情不同，所选取的描述创新驱动的要素也不尽相同。例如，欧盟（2014）分别选取了促进创新的推动力、企业从事的行为以及创新成果的产出来反映创新驱动绩效。澳大利亚的商业研究机构——"现在就想"，是澳大利亚的智库，它在2015年从人力资本要素、网络市场要素和文化资产要素三个方面对全世界的创新城市进行综合评价。美国将其扩展到除了人力资本之外，还加入了企业管理、空间纬度以及经济、社会的多个方面，并定义其为"硅谷指数"，以此衡量创新驱动水平。学者们考虑多因素层面的创新驱动为创新驱动系统这一概念的问世拉开了"大门"。从系统观的角度提出了全新的概念——国家创新驱动系统，并考察分析了发达国家日本在运用国家创新驱动系统调整经济发展范式、协调社会的所有创新活动（Goto，2000）。有学者以泰国为例，研究了国家创新驱动系统在发展中国家中的作用，并揭示出目前的国家创新驱动系统仍不够完善，远远滞后于经济发展的需求，不利于增强泰国的国家竞争力（Intarakumnerd，Chairatana & Tagnchitpiboon，2002）。国家创新驱动系统涵盖了一个国家的创新驱动基础设施、产业集群的创新环境以及两者之间的关联强度。随后，在国家创新驱动系统的基础上，又衍生出区域创新驱动系统（Acs，Audretsch，Lehmann & Licht，2017）。高知识含量的服务改善了创新获取的过程，价值链信息的来源增强了获取过程的效果，区域创新的计划加速了创新环节的转换（Pino & Ortega，2018），因此，高知识含量的服务、获得价值链信息的来源以及区域创新的计划是构成区域创新驱动系统的三个根本要素。

对于创新驱动的研究，国内研究相对于国外较晚，但近年来也积累了丰富的研究成果。国家创新驱动发展战略的实施，使得学术界对创新驱动的研究也向纵深发展，主要集中在以下几个方面。

（1）创新驱动本质研究。张来武（2011）认为，创新驱动是一种在经济发展到一定阶段才会体现出价值的经济发展影响因素。在较低发展阶段的市场环境中，资源与劳动力的投入对经济发展的影响是直观的，而且短期内是最具影响效果的。但当市场达到一定的饱和程度时，继续进行资源与劳动力的投入就会面临投入效益递减的局面。在这一阶段，技术或管理上的创新才能体现出其对经济推动的关键性影响作用。这种影响可以创造新的市场空间和经济增长点，从而实现市场规模和竞争力的飞跃。施筱勇（2015）认为，创新型经济体的本质特征是创造更高的附加值，而高附加值更是创新驱动的结果，因此用来衡量创新驱动绩效更为适合。创新驱动的本质是高技术产业对中低技术产业的驱动，更确切地说这是一种创新驱动用于产业间影响的过程（王伟光、马胜利和姜博，2015）。

（2）创新驱动路径研究。陈曦（2013）认为我国的经济发展依靠传统的、大量投入资源与劳动力的模式是无法长期持续的。未来某一阶段，资源与劳动力投入对经济发展的推动力会逐渐减弱。只有通过技术和管理方面的创新，才能够推动经济向更高的发展层次迈进，从而实现经济发展的长期可持续性和递增效应。在创新驱动发展的策略选择和发展路径上，强调创新驱动应该由多种路径组成，而单一的路径无法完成实现创新驱动的根本任务，最大限度地发挥国家创新能力，实现创新驱动的目标（王玉民等，2016）。

（3）创新驱动增长机制研究。洪银兴（2013）指出协同创新是一个重要的机制，它不仅需要不同主体之间的协同，而且还需要知识创新和技术创新之间的过程协同。程郁和陈雪（2013）认为创新驱动经济增长需要建立新产品创新、创新型产业和创新要素积累三个方面的作用机制。员宁波（2016）探讨了创新驱动新型工业化的内源和外源机制，从内外两个方面阐释了创新驱动的作用机理。现有研究成果是基于科技创新解析创新驱动的内涵、路径和机制，然而在创新全球化和知识经济的背景下，创新驱动不仅涵盖了科技创新对经济增长的推动作用，而且更重要的是涉及从知识生产到产品商业化的循环驱动过程。在这一驱动过程中，科技创新服务体系承载着重要的功能。

（4）自主创新研究。根据刘志彪（2011）的观点，创新驱动不仅是简单地引进技术和模仿学习，而且是需要积极调动主观能动性，依靠专业知识，从事自主研发来创造财富。朱桂龙和钟自然（2014）则通过研究，再次证实自主创新是驱动经济发展的关键增长点。科技自主创新不仅可以驱动新发明成果和新产品的问世，还可以驱动新型组织结构和新型市场的产生，从而激发社会生产力的发展。相比强调自主创新驱动的重要性（裴小革，2016），在企业成长历程中，制度创新对技术创新的影响很大，对企业的成长具有决定性作用（俞仁智、何洁芳和刘志迎，2015）。王玺和李桂君（2014）以新能源产业为例，进一步探究了政策创新对风电产业发展的驱动作用，侧重于分析协同创新驱动企业创新绩效的提高，并将协同创新驱动模式划分为四种，即研发外包、战略联盟、专利合作及要素转移（解学梅和刘丝雨，2015）。

（5）国家创新驱动体系和区域创新驱动体系研究。随着全球经济一体化的快速发展，国家间的界限逐渐模糊，创新也逐渐朝着国际化的方向发展。为了更好地适应全球化的需求，国家创新驱动体系的概念在中国逐渐流行起来。一个国家的创新驱动发展并不是一帆风顺的过程。随着创新意识的增强和投入创新资源比重的提高，经济结构可能会出现失调，而构建国家创新驱动体系则是优化经济结构的一个合理方案（魏江和黄学，2015）。龚刚、魏熙晔、杨先明和赵亮亮（2017）针对中等收入陷阱对国家创新驱动体系展开研究，提出构建国家创新驱动体系有助于中国技术增长率水平赶超发达国家平均水平。

区域创新驱动体系则是国家创新驱动体系在区域方向上的拓展，建设区域创新驱动体系对于完善国家创新驱动体系作出了重大的贡献（王松等，2013）。袁潮清和刘思峰（2013）以省份作为区域单元，通过构建区域创新体系成熟度指标，对区域创新驱动体系概念进行定性诠释，进而提出了针对中国各省份区域创新驱动体系的指导和建议。

（6）创新驱动发展战略研究。王兰英和杨帆（2014）在网络技术、产业布局、产业结构和管理制度方面进行研究，探讨了创新驱动发展战略在助推北京市城镇化进程中的作用。吴建南、郑烨和徐萌萌（2015）通过比较美国四个城市的创新驱动发展战略，得出政府作为该战略的实施主体应该扮演搭建基础设施和创新平台的角色，并通过采取一系列政策性措施引导市场资源的合理流动。实施创新驱动发展战略的过程实质上是高水平、全方位对外开放的过程。只有在世界舞台上获得更多的知识资源，才能为创新型国家的建设增添一臂之力（刘志彪，2015）。郑烨（2017）则着重分析了创新驱动发展战略与科学技术创新之间的关系，发现实施创新驱动发展战略有助于发挥科学技术创新的支撑作用，推动社会经济提质增效。

2.2.6 创新绩效

2.2.6.1 创新绩效的内涵

由于专家学者对创新绩效的定义与范围存在丰富和广泛的看法，因此在国内外并未达成统一的意见。目前被广泛接受的定义认为，创新绩效是企业将各种资源投入到创新系统中，从而提升产出效果的方式（Alegre & Chiva，2008）。德鲁克（Drucker，1993）认为，创新绩效是一种评价，是对企业技术创新能力的一种综合考量。创新绩效的狭义定义仅指企业将发明的技术或方法用于产出，是对企业创新实践成果的考量；而广义定义则包括了企业从创新想法的萌芽到新技术、新产品的产生，再到创新产品在市场中流转的整个过程，既包括技术创新也包括创新技术产出（Hagedoorn & Cloodt，2003）。林顿（Linton，2008）则从不同角度看待创新绩效，认为创新绩效不仅是技术的创新，还是一种社会的创新。技术的创新包括生产技术的进步、产品的更新、新产品的诞生等，社会的创新是指新的信息系统的应用。黄璐、王康睿和于会珠（2017）综合考虑过程和产出两个维度的绩效，即用研发投入和研发产出分别对过程和产出维度进行衡量来评估创新绩效。余鉴霖（2020）利用企业创新的投入产出比来衡量其创新绩效，反映企业在创新上所作出的努力以及取得的成果和效果。

2.2.6.2 创新绩效影响因素

影响企业创新绩效的因素有很多，包括内部研发能力、技术及相关制度支持，这些因素会影响企业的创新效率（Metcalfe & Ramlogan，

2008)。研究表明，研发投入是影响企业创新绩效的重要因素之一，其对创新绩效具有正向的影响，企业应重视这一要素（Sharma，2012；尚洪涛和黄晓硕，2018；刘大鹏等，2020）。此外，池仁勇和唐根年（2004）的研究发现，除了研发投入外，企业的创新绩效还受内部结构制度和产业集群等因素的影响。从不同的角度探讨个人、企业和网络三个层面因素对创新绩效的驱动。具体来说，从个人层面看，员工的学历水平、技术水平、工龄等因素会影响员工的综合素质，从而影响企业的创新绩效（刘静凤，2022）。从企业层面看，影响科技型中小企业创新绩效的因素主要是企业内部的研发能力和企业家精神（粟进和宋正刚，2014）。此外，除了与企业自身相关的内部因素外，外部的影响因素也会对企业创新绩效产生正向影响（陈洪玮、张琼和冯星坤，2017）。企业外部环境的动荡性也会对创新绩效产生一定的影响。政府补助是影响创新绩效的重要因素之一（陶秋燕、李锐和王永贵，2016）；相较于税收优惠，政府拨款更能为企业带来优势，对于中小型企业来说，税收优惠这种"间接资助"方式对创新绩效取得影响不大（周海涛和张振刚，2015）。

2.2.6.3 创新绩效的衡量指标

学术界尚未对创新绩效有一个统一的标准进行衡量。哈格多恩（Hagedoorn，2003）的研究发现，研发投入、专利数量、专利引用和新产品发布等都可以用来衡量企业的创新绩效。乔昆（Joaquin，2006）则从资金和时间的使用效率以及新产品的种类两个维度来衡量创新绩效。在衡量国家和区域创新活动时，研究者通常将专利作为衡量创新绩效的指标（Stuart & Podolny，1996；Guan & Chen，2012；李静怡、王祯阳和武咸云，2020）。徐保昌等（2018）考虑企业规模效应的影响，利用新产品销售收入与总销售收入之比来衡量技术创新绩效。杨震宁和赵红（2020）在中国实际情况下，选用新产品研发作为衡量创新绩效的指标。

2.2.6.4　数字经济背景下创新绩效研究

大数据的分析能力和战略协作能力对企业创新绩效具有积极影响（谢卫红、刘高和王田绘，2016）。企业的大数据分析能力间接影响其创新能力，而创新能力与创新绩效之间存在显著的正相关关系。因此，企业对于大数据分析能力的提升可以促进创新绩效的提高。这一结论在童红霞（2021）、任南等（2018）的研究中也得到了证实。

由于大数据是数字经济发展的基础，创新又是影响企业发展的关键因素，因此大数据对企业创新绩效的影响是的确存在的。李雪等（2021）的研究分析了数字经济对提升区域创新绩效的作用机制，证实了数字经济对提升区域创新绩效具有重要作用。赵滨元（2021）的研究发现，数字经济不仅能够带动本地创新绩效的提升，而且还能显著促进周边城市创新绩效的提高，具有区域溢出效应。

2.2.7　新产品创新绩效

新产品的界定，一直受到专家学者的广泛讨论，包括从产品本身的观点、生产者的观点、消费者的观点、产品生命周期观点等。博兹、安珀和汉密尔顿（Booz, Amp & Hamilton, 1982）以产品相对于公司或市场的新颖程度，将新产品分成六大类：刚走向市场的产品——全新的产品；开拓新的产品线——首次进入现有市场的新产品；现有产品线外所增加的产品——增加公司现有产品线的新产品；对既有产品的改良或更新——能提供改进性能或较大认知价值及取代现有产品的新产品；重新定位的产品——将现有产品导入新市场；降低成本——提供性能相同但成本较低的新产品。

科特勒（Kotler，1994）着重产品本身的特征，认为新产品包括原创性产品、改良性产品、修正性产品、透过公司内部研发的新品牌。桑兹与沃里克（Sands & Warwick，1977）则从产品的角度来定义新产品，将新产品区分为九种类型：产品提供完全崭新的功能；改良现有产品的功能；对现有产品进行新的应用；现有产品有新的附加功能；产品在新市场出现；产品基于较低的生产成本吸引更多的消费者；现有产品升级——现有的产品的整合升级；产品的降级；产品的外形改变。在此，本书从营销角度认为，凡是企业提供的能给市场顾客带来新的满足、新的价值的产品，无论是全新的产品还是改良产品都可以被看作新产品（Song & Montoyaweiss，2001）。

产品创新指公司通过新产品创意、设计、制造、销售、服务等一系列过程，对产品的功能进行改造、升级，或设计出全新的产品。它是企业在同行业取得竞争优势、提高绩效的重要途径。罗奇福德（Rochford，1991）透过三个观点来探讨产品创新：①顾客观点，指新产品能否给消费者提供更好的效益；②企业观点，企业生产的新产品在市场、技术及制造工艺上是否有创新；③市场观点，指新产品是否比现存产品在功能、设计等方面更能胜出一筹，即产品创新能否创造出新市场。

吉马（Gima，1995）在研究市场导向与产品新颖程度时，透过两个方面进行探讨。首先由顾客观点出发，表示顾客使用新产品的经验及消费形态的相容程度，相容程度低，表示此产品对顾客而言是相当新奇的；其次，由企业观点出发，表示与企业现有的产品营销或销售的相似程度，相似程度高，表示此产品对企业而言是相当新奇的。本书着眼点在企业的新产品创新，即有形的产品和无形的产品的创新。

钱迪和泰利斯（Chandy & Tellis，1998）认为用户购买新产品分为两个层面，即采纳新技术的产品和比竞争对手更能满足消费者需求的产品，并将产品创新分为渐进式创新、激进式创新、技术突破、市场突破等四种类型。部分学者将产品创新简化为渐进式和突破式两种，前者指技术的小幅变化、改善产品或产品线延伸，后者指新奇、独特或最新的技术进步（Wind & Mahajan，1997），其中突破式创新又分为技术突破与市场突破（Benner & Tushman，2003）。周、伊姆与谢长廷（Zhou，Yim & Tse，2005）将其修正为技术基础与市场基础。本书认为产品创新包括市场创新和技术创新。产品创新是现有产品明显改善或全新的产品或服务的商业化过程（OECD，2005），是核心企业成功开发并向市场推出新产品的程度（Ozer & Zhang，2014；Zhang & Li，2010），产品创新是制造商通过新知识和新技能的应用而为客户提供的新产品或新服务（Kim, Kumar & Kumar，2012）。对许多企业来说，产品创新是一个核心问题，即开发新的产品或改良已有的产品（Bouncken, Plüschke, Pesch & Kraus，2014）。

因此，无论是现有的产品或产品线加以改良，或是在流程、制造工艺上的技术突破，只要新产品能够满足市场上新的需求，并与公司内部现存的产品有差异，即可视为一种产品上的创新。产品创新活动是从顾客或消费者角度出发，为满足市场或用户需求，企业推出的与现有市场存在相差异的产品或服务而进行的创造性活动（Damanpour & Gopalakrishnan，2001）。新产品创新被认为是企业成功、取得利润和生存的关键（Menguc & Auh，2010；Slater, Mohr & Sengupta，2013）。新产品开发主要是改良现有产品或推出新产品，从而满足消费者需求。没有创新，企业就会慢慢失去市场，而被竞争对手超越（Hauser, Tellis & Griffin，2006）。公司不仅开发新产品来应对客户需求的变化，也不断创造和向市场传递高附加值的产品（Aryasa, Wahyuni, Sudhartio & Wyanto，2017）。产品创新为企业提供用于开发新产品的平台，这些新产品属性相对于竞争对手更能满足客户需求，从而使企业取得更好的绩效。新产品创新可以是新产品或服务，也可以是组织中新的生产过程（Hult, Hurley & Knight，2004）。新产品创新反映了新产品与其他产品的差异程度，并可以衡量营销或技术流程现状的不连续性（Ben - Menahem, Kwee, Volberda & Bosch，2013；Lau, Yam & Tang，2011）。新产品创新是指在组织内部或市场外部引入新想法、新流程和新产品的能力（Nakata, Zhu & Izberk - Bilgin，2011）。索克与奥卡西（Sok & O'Cass，2015）将新产品创新定义为公司在市场上推出新产品的能力。本书认为新产品创新是公司为市场开发新产品或改进现有产品或服务的能力。

绩效指公司的新产品创新数量、新产品创新的销售百分比及与竞争对手相比引入创新的相对频率（Gima，2005）。企业绩效是判断企业资源的利用效率与效果的工具，一般是指企业在一定时期内所取得的经营业绩（Narver & Slater，1990）。新产品绩效属于企业绩效研究的一个分支，新产品的绩效要根据新产品盈利能力、销售和市场份额等领域组织目标水平基础上来实现（Yang & Liu，2006）。创新绩效是指企业因为开展创新活动而为企业带来的收益，产品创新从多个方面对创新绩效产生影响。按影响效果的持续时间可分为长期和短期作用，短期作用是创新产品因为提升客户价值而取得的盈利和市场表现（Gima，1996；Chen et al.，2005；Hult et al.，2004）。在营销领域，新产品绩效常常和创新绩效交替使用。这主要是因为企业的创新活动可以分为流程创新和产品创新两类（Belderbos，Carree & Lokshin，2004；Knudsen，2007）。在营销文献中，主要关注的是产品的创新，即新产品的开发。因此，营销学者在分析创新绩效时，主要分析的是新产品绩效，即新产品创新的效率与效果（Gatignon & Xuereb，1997）。产品创新绩效是公司引进新产品或服务而获得的收益、销售量及收入目标的程度（Gima et al.，2005）。

在本书中，我们将新产品创新绩效定义为企业为了满足顾客和市场需求通过引进新产品或新服务而获得的收益，如市场份额、销售额、资产回收比率、投资回报率及利润目标等指标（Damanpour，1991；Sicotte，Drouin & Delerue，2012）。对创新持开放态度的企业会与合作伙伴保持定期合作，用他们掌握的知识和技术来增强其创新绩效（Rangus，Dnrovsek，Diminin & Spithoven，2017）。

对于新产品绩效的研究重点是研究新产品绩效的前因变量，即分析哪些因素可以提高新产品的绩效，企业如何才能成功开发新产品（Knudsen，2007）。影响新产品绩效的一个主要因素是市场知识，包括顾客的需要和偏好、购买行为、市场潜力、市场竞争等（Cooper，1979；Day，1994）。市场知识也指公司有关竞争对手的知识（Huhtala，Vaniala & Tikkanen，2016；Kohli & Jaworski，1990；Luca & Atuahene – Gima，2007），如为了提高新产品绩效，新产品研发人员和营销人员积极收集企业外部的顾客需求和相关市场知识，并对这些知识进行整合与运用（Song & Parry，1997）。产品创新通常以过程为标志，公司将知识内化成企业的一部分，并经过消化、吸收转化成新产品（Ahimbisibwe et al.，2016）。

此外，影响新产品绩效的因素还包括以下方面：产品特征，即新产品自身的一些特性，如产品优势、产品价格；过程特征，主要是新产品开发过程的一些因素，如技术的精通程度、部门之间的沟通、企业高层主管的支持等；企业的战略特征，主要是一些与新产品开发相关的战略活动，这些活动能够为企业带来竞争优势，如企业战略协同、技术协同和进入行业的顺序等（Henard & Szymanski，2001）。现有研究表明，企业的战略导向（顾客导向、技术导向、竞争导向等）、新产品创新能力和新产品推广方案创新能力都可以提高新产品绩效（Im & Workman，2004）。

本书从那些影响新产品创新绩效的直接因素和间接因素展开探讨，并把新产品当作新产品创新绩效的分析单位。

2.2.8 创新驱动与创新绩效的关系

在本节将从创新驱动的两个视角出发，即从市场导向和技术机会两个维度，探讨市场导向与创新绩效、技术机会与创新绩效的关系，并对两个变量之间的逻辑关系进行详细的文献梳理。

2.2.8.1 市场导向和创新绩效的关系

多年来，国内外学者对市场导向展开多角度、深入的研究，大量的实证研究都集中在市场导向和企业绩效之间的关系（Bucktowar，Kocak & Padachi，2015）。本书通过对相关研究文献的整理和归纳，发现市场导向和企业成长绩效的关系存在以下几种情况。

（1）市场导向和公司绩效之间的正向关系。企业运用营销与创新两大功能，为顾客创造最大价值，为公司谋求最大利润与市场竞争力，是企业要实现的重要目标（Drucker，1954）。对于市场导向，学者们认为市场导向与新产品的创新密切相关，是维持企业竞争优势的重要因素（Lukas & Ferrell，2000；Gatignon & Xuereb，1997）。市场导向型企业的特征是探索性，要不断了解并满足消费者需求，还要探寻消费者的潜在需求

（Jaworski, Kohli & Sahay, 2000; Slater & Narver, 1998），市场导向型企业呈现的特征与企业的新产品开发、销售增长有着显著正向作用（Chang, Franke, Butler, Musgrove & Ellinger, 2014; Raju, Lonial & Gupta, 1995; Zhang, 2009）；同时，具有市场导向的企业，还会根据市场需求变化推动企业不断开发和创造新的产品或服务（Jaworski & Kohli, 1993; Slater & Narver, 1994）。

不少学者通过实证方法探索市场导向对企业总体绩效的影响（Jaworski & Kohli, 1993; Kasper, 2002; Pelham & Wilson, 1996; Slater & Narver, 1994）。例如，以航空行业为例，探讨市场导向与企业的规模、市场份额、企业成长率间的关系（Martín – Consuegra & Esteban, 2007）；通过对希腊零售业的研究发现，市场导向和市场份额、销售额的增长率和净利润率存在显著的正相关关系（Panigyrakis & Theodoridis, 2007）。市场导向对新产品成功的重要作用已经被证明（Gima et al., 2005; Slater & Narver, 1998）。企业的市场导向程度与企业绩效之间存在显著的正相关关系（Brahmana, 2007; Chao, Feng & Li, 2015; Ledwith & O'Dwyer, 2009; Zhang & Duan, 2010）。

拥有较高的市场导向的企业，不管企业所处的环境如何，都会推动企业不断挖掘消费者需求变化，并通过研发新产品或新服务来促进新产品开发的成功（Kohli & Jaworski, 1994）。同时，新产品创新与市场导向存在相关性（Gima, 1996; Lukas & Ferrell, 2000）。此外，拥有较高市场导向的企业要比拥有较低市场导向的企业更能为消费者创造价值，从而提高企业创新绩效（Morgan & Strong, 1998）。

（2）市场导向和企业绩效之间存在着调节变量。有的学者认为市场导向和企业绩效之间存在调节变量，如环境特征、市场动荡性、竞争强度、技术动荡性（Jaworski & Kohli, 1993; Kirca, Jayachandran & Bearden, 2005; Kohli & Jaworski, 1990）。另外，样本特征和测量指标也会对市场导向与绩效产生起到调节作用，如研究发现，测评绩效指标的特性及样本的特性会影响市场导向和企业绩效间的关系（Kirca et al., 2005）。

除此之外，还有一些其他因素也会在市场导向和创新绩效之间起到调节作用。例如，学者们基于 123 家大型物流服务企业的实证研究发现，对前线员工的培训能够对市场导向和组织的年龄、组织的规模之间的关系产生积极的调节作用（Ellinger，Ketchen，Hult，Elmadağ & Richey，2008）；宋等（Song et al.，2015）以中国的企业为样本，验证了所有权结构对市场导向和创新绩效的关系起到调节作用。

（3）市场导向和企业绩效之间存在中介变量影响。近年来，很多学者也提出市场导向通过某些中介变量对企业绩效产生积极的影响。例如，电子商务的采用对市场导向和企业绩效的获得起到中介作用，特别是相对于主要竞争对手，在企业销售量、市场份额、净利润率等方面表现更明显（Voola，Casimir，Carlson & Agnihotric，2012）。

通过阅读大量文献发现，学者们对市场导向和企业绩效关系的探讨得到不同的结论，原因可能有以下几个方面。首先，在进行实证研究时存在市场宏观环境的差异，如对中国市场的研究与对国外市场的研究就可能得出不同的结论。其次，在衡量市场导向时选取的量表不同也可能会导致不同的结论。大多数研究都是在贾沃斯基与科利（Jaworski & Kohli，1993）量表的基础上进行的，而且在测量的过程中根据具体研究的情境不同，会对某些测量题项进行微调。再次，选取的行业不同也会导致出现不同的结果。每个行业都有自己的特点，即使是用同样的量表、同样的研究方法进行研究，不同的行业也会得出不同的结论。最后，在测量企业绩效时，采用客观、主观或者是综合指标的不同可能也会导致最后结果的不同。本书将基于中国情境下的企业样本，实证探讨市场导向和新产品创新绩效间的关系机理。

2.2.8.2 技术机会和创新绩效的关系

技术机会是在产品创新和过程创新中，管理者支持企业并产生企业增长机会的能力（Geroski，1990）。那些掌握新生技术的组织，在经历技术的快速变化后，能够通过技术创新来获得竞争优势（Jaworski & Kohli，1993）。

不同的公司面临的技术机会的多少及对技术机会的把握也不尽相同

（Geroski，1990）。技术动荡性影响企业绩效（Jaworski & Kohli，1993）。市场结构不同、企业规模不同，技术机会对其创新产出的影响也有所差异（Koeller，2005）。具有高水平技术机会感知能力的企业，通常以经常引进新产品或进行过程创新。拥有较高的技术机会的企业，为了成功占领市场，管理者必须快速掌握竞争对手、市场及消费者的大量信息（Galbraith，1973），这些信息被企业获得、消化、吸收并转换为新产品，从而为企业带来创新绩效，在行业发展过程中保持一定的竞争优势。

综观上述可知，在激烈的竞争环境下，企业越能够把握市场的"脉络"，了解更多顾客、竞争者的信息，就越能够在市场中占有先机和优势；同时，企业管理者越能够掌握较多的技术机会或竞争者的信息，就越能够在经营过程中通过引进新技术来取得竞争优势。市场导向和技术机会构成创新驱动的两个主要方面。

2.3　环境不确定性与机会感知的调节效果

企业将获取的市场知识和技术知识进行转化，会受到环境不确定性及机会感知的影响，本节将从环境不确定性与机会感知两个角度，探讨其对创新驱动与吸收能力的调节作用。

2.3.1　环境不确定性

环境是一个相对比较宽泛的概念（Miller，1987；Song & Montoya-weiss，2001）。不确定性是企业环境呈现的最主要特征（Duncan，1972）。环境不确定性指状态的不确定性，是对企业面临环境状态的一种描述，体现了企业所处的环境特征。环境不确定性在一定程度上反映了公司所处环境的复杂性、未知性和动荡程度，学者们对环境不确定性的定义如表 2-2 所示。

表 2 - 2 环境不确定性定义

概念	学者	主要观点
环境不确定性	Duncan（1972）	环境的复杂程度和动态程度取决于组织成员的感知，因此个体认知不同会造成成员对环境感知程度上的变化
	Miller（1987）	环境的不可预测性，无法预测环境变化的影响，以及无法预测对环境响应后的后果
	Miller（1993）	企业准确识别和掌握消费者对产品或服务需求的难度增加

资料来源：笔者撰写整理。

在此，本书将环境不确定性定义为环境的不可预测性，不能预测环境变化的影响，无法预测对环境响应及选择后的结果。市场环境变化的不可预测性，反映了公司所处环境的复杂性、未知性和动荡程度（Miller，1987）。本书中，环境不确定性是指企业难以对环境的变化进行准确预测。

贾沃斯基与科利（Jaworski & Kohli，1993）从市场动荡性、技术动荡性和竞争强度来解释环境不确定性。其中，市场动荡性是指消费者的组成及顾客偏好倾向程度的变化；面对动荡的市场，企业需要投入更多的创新活力才能将企业发展更好（Hult et al.，2004）。技术动荡是指对企业而言，其所重视的技术的改变程度，即在生产、服务技术和研发活动上改变的程度；竞争强度是指市场内或行业内现有企业间彼此对抗的程度（Jaworski & Kohli，1993），反映了企业面临的市场竞争的激烈程度。企业面临高强度的竞争环境，竞争对手在替代性创新、竞争性创新等方面呈现较明显的特征，这使得企业在面临机会识别的时候存在很大的不确定性。竞争强度直接与市场导向有关，在激烈的竞争环境下消费者有多种选择。为了在其所在行业取得竞争优势，企业必须针对消费者的需求、偏好，进行调查研究并加以回应。本书中，环境不确定性将通过市场动荡性、竞争强度两个维度来衡量（Danneels & Sethi，2011；Dayan & Basarir，2010；Tsai & Yang，2013）。

环境不确定性会影响创新驱动与吸收能力的关系。企业在高的市场导向下，对信息的筛选及信息到知识的转化过程会受到环境不确定性的影响。市场越动荡、市场变化越快，顾客的偏好倾向程度就越高，由此产生的信息就越多，就越促使企业培养自身的吸收能力；而一个行业内竞争强度越强，在价格竞争、促销大战下，产生的信息量也越大，这些都能促使企业培养自身的吸收能力。因此，本书通过市场动荡性和竞争强度两个方面来探讨在创新驱动与吸收能力关系中的调节作用。

2.3.2 机会感知

就个体而言，当人们在面对混沌未明、难以理解的事物时，总是利用机会感知活动来解决问题。即当人们发现在现行的事件流程中，有些事情的运行或发生并不符合以往的知识认知范畴，甚至超出其原先的知识体系或心理预期，此时，人们会借助过去的经验来追溯整个事件的经过，发现潜在的、可能造成认知差异的线索，从而提出一些比较合理的推测来解释这些线索可能产生的原因。当一个组织在面对复杂难解的环境时，同样也会进行机会感知活动，以期能对自身所处的整体环境作出合理的判断并作出正确的回应。关于组织危机中的机会感知研究描述了一个快速的过程，即一个组织在早期尝试、感知意外事件后，采取快速行动及作出的临时解释（Weick，1993；Whiteman & Cooper，2011），即韦克（Weick，1995）对机会感知的广义定义，它被概念化为一个意义创建和重建的社会过程。在这个过程中，管理者根据组织和环境的变化，经过理解、解释和创造，从而对外部环境作出反应。机会感知是关于人们如何阐述并对相关环境的回应的社会互动过程理论。

因此，机会感知通常被理解为个体或组织试图解释不明确的、模棱两可的问题过程（Weick，1995）。这个过程开始于人们面对环境的变化或不确定的事件及任务时，应用现有的心理过程或知识不能解释（Kiesler & Sproull，1982）。一般认为个人层面的机会感知与组织层面的机会感知通常是互相交织的，个体解释程度服务于组织层面（Weick，1995；Weick，Sutcliffe & Obstfeld，2005）。后来的学者把机会感知理论应用于战略管理（Gioia，Thomas，Clark & Chittipeddi，1994）、企业家精神

（Cornelissen & Clarke，2010；Hill & Levenhagen，1995）及创新（Rafaeli，Ravid & Cheshin，2009），来探讨面对环境变化时管理者理念的构建及对环境的反应，特别是企业为提高在某一行业或领域的竞争地位，促进创新，及时处理、应对市场的变化，保证组织的竞争力，管理者对环境变化的主观感知、识别和塑造机会的能力。

基于以上讨论，机会感知是将复杂或不确定情境赋予意义的社会建构过程，当线索出现且中断个体原本持续进行的活动时，个人开始进行复杂而不确定情境的意义建构，再用回溯的方式发展出一套有意义的架构，以合理化个人行为的机制（Maitlis & Sonenshein，2010；Weick et al.，2005）。盛（Sheng，2017）将机会感知定义为企业应对环境动荡作出反应的过程，并进一步探讨企业如何运用机会感知能力帮助企业进行能力整合和更新公司的知识资源，从而积极影响产品创新。机会感知是一个认知过程，管理者有能力感知外部环境的改变，并能判断企业面临的是市场机会还是威胁，从而通过一定的决策对环境的变化作出回应，促进企业的发展。本书将机会感知能力定义为管理人员对环境变化的主观感知、识别和塑造机会的能力（Teece，2007；Wang & Ahmed，2007）。

综上所述，机会感知是管理者对能够把握并确保创新机会盈利的可能性的主观评价，是创新机会在管理者思维意识中的主观反映。这种机会感知意识首先包含机会感觉的过程，即意识到存在的潜在机会，发现未开发的市场需求或尚未被充分利用的资源，这种意识的形成取决于管理者在敏感性、知识储备及过往的经验的能力；其次包含机会知觉过程，即对意识到的潜在机会进行主观评价，并权衡意识到的机会价值与价值创造能力的匹配情况。

在本书中将探讨企业管理者对外部环境的感知能力，即对市场导向、技术机会与吸收能力之间关系的调节效应，也即企业对外部环境感知的强弱是否对企业吸收能力的提高产生影响。根据前面的文献综述，本书用到的所有变量的观念性定义如表 2 - 3 所示。

表 2 – 3　　　　　　　　　　　主要变量观念性定义

变量	定义
市场导向 （Kohli & Jaworski，1990）	将市场导向定义为公司能够产生、传播和使用其客户与竞争对手良好信息的能力
技术机会 （Geroski，1990）	将技术机会定义为管理者通过产品和过程的创新来支持与生成成长机会的能力
新产品创新绩效 （Damanpour，1991）	企业为满足顾客和市场需求通过引进新产品或新服务而获得的收益
市场动荡性 （Jaworski & Kohli，1993）	市场动荡性指随时间变化一个组织的顾客偏好倾向程度
吸收能力 （Zahra& George，2002）	把吸收能力定义为一套组织程序和过程，通过这套过程，企业获得、吸收、转化和利用知识以产生一个动态组织能力。我们认为这四种能力能够代表吸收能力的四个维度，在解释吸收能力是如何影响组织结果中发挥着不同但互补的作用
竞争强度 （Zhou et al.，2005）	竞争强度是指一个企业在行业内面临竞争的程度
机会感知 （Teece，2007；Wang & Ahmed，2007）	机会感知能力指一个人对环境变化的主观感知、识别和塑造的机会

资料来源：笔者撰写整理。

2.4 研究述评

随着数字经济在国民生活中的不断深入，数字经济已经给各行各业都带来了一轮新的机遇和挑战，数字经济在未来是一个不可逆转的趋势。由于数字经济具有开放、无边际的特点，数字化资源的流动包含了知识与资源的流动性、共享性和交流性等特征。在推进企业创新的过程中，知识的流动、共享、交流等特征贯穿企业创新活动之中，与传统的创新活动相比，数字经济背景下企业的创新活动是以一种全新的视角来审视组织创新的过程，并通过对知识的有效整合和利用，促进企业创新能力和创新绩效的提升。

根据已有的研究成果来看，创新绩效一直是关注的焦点之一，相关的研究内容包含了创新绩效的内涵、创新绩效的影响因素、创新绩效的衡量指标、影响因素与创新绩效之间关系、创新绩效研究方法等。数字经济背景下创新绩效的研究多是对数字经济驱动创新形成理论机制的探究，直接探究数字经济背景下企业创新驱动对新产品创新绩效的研究却相对较少，实证研究及案例研究更少。由此可知，数字经济背景下企业新产品创新绩效的研究是一个值得深度挖掘的领域，并且随着数字化的应用，企业新产品创新绩效的重要性越发凸显，企业如何提高自身的新产品创新绩效水平，优化资源结构，在同行业领域脱颖而出，进而在世界市场能有一席之地具有重要意义。

2.5 产业介绍

经济合作与发展组织（OECD）基于研发统计的目的，将国际标准行业分类（ISIC，3.1版）进行了重新归类，高科技产业系指下列产业：药品业、办公室及计算器业、无线电、电视及通信设备业、医疗、精密和光学设备业以及航空器及宇宙飞船业（OECD，2005）。

2016年，中国对《高新技术企业认定管理办法》进行修订，将高科技企业界定为在国家颁布的"国家重点支持的高新技术领域"范围内，持续进行研发及技术成果转化，具备企业核心自主知识产权，并以此为基础开展经营活动的企业。当前，中国已经初步形成以"北京中关村"为中心的环渤海高科技产业密集区、以"上海高新区"为中心的沿长江高科技产业密集区、以"深圳高新区"为中心的东南沿海高科技产业密集区、以"西安杨凌高新区"为中心的沿亚欧大陆桥高科技产业密集区。中国重点支持的高科技领域有电子信息、生物与新医药、航空航天、新材料、高技术服务、新能源与节能、资源与环境、先进制造与自动化（科技部，2016）。

中国目前的互联网企业主要是搜索引擎、门户网站及电子商务市场。

其中代表性的网站有百度（Baidu. com）、360 搜索（Hao. 360. cn）、新浪（Sina. com）、网易（163. com）、腾讯（QQ. com）、飞信（Feixin. 10086. com）、淘宝（Taobao. com）、京东（JD. com）等。中国互联网行业发展迅速平稳，已成为国民经济的重要组成部分。由工业和信息化部、中国互联网协会主办的"2017 年中国互联网企业 100 强发布会暨百强企业论坛"发布，互联网百强企业在 2017 年的研发投入突破千亿元，无论在研发投入和研发人员的数量上都达到空前的规模，呈现较高的创新绩效。

因此，高科技企业与互联网企业在竞争力、研发投入等方面，能较好地体现新产品创新绩效的要求，把高科技企业与互联网企业作为样本母体来源具有代表性。

2.6 本章小结

本章对资源基础理论、知识基础理论、创新理论等进行了相关概述，同时对数字经济、创新、创新驱动、吸收能力、创新绩效、新产品创新绩效及创新驱动、吸收能力和新产品创新之间的关系进行了较详细的逻辑梳理，并阐述了以往研究的不足，为本书撰写留下了研究空间。

第 3 章

创新驱动、吸收能力和新产品创新
绩效研究框架与研究假设

本章旨在分析数字经济背景下市场导向、技术机会、吸收能力、新产品创新绩效、市场动荡性、竞争强度及机会感知各变量间的关系。基于文献的探讨和理论推演，给出本书研究框架及详细的研究假设。其内容包括研究框架和研究假设两部分。

3.1 研究框架

扎赫拉与乔治（2002）在研究中提出"知识资源和互补性经验、吸收能力和竞争优势"之间的逻辑关系链条，如图 3 – 1 所示。该研究从动态能力的视角对吸收能力的概念进行拓展，认为通过对信息资源的搜集传播，企业将这些信息进行消化、转化和利用形成一组动态能力，促使

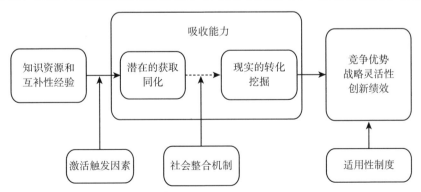

图 3 – 1 扎赫拉与乔治（2002）概念框架

企业产生创新行为，提供满足市场需求的产品和服务，有效实现企业的绩效目标。

同时，创新驱动概念是近十年研究及未来发展之趋势（Dev，Agarwal & Erramilli，2008）。此外，企业的创新主要来自市场拉动以及技术推动（Dosi，1988）。因此，本书认为对公司来说促成吸收能力的主要信息资源为市场信息及技术信息，其中市场导向、技术机会更是现今企业获取竞争优势及绩效利益提高的主要决定因素之一（Appiah - Adu，2011；Ellis，2006）。而回顾近年来关于创新绩效的研究发现，在市场导向和技术机会驱动下，企业能较好地提高创新绩效（Ebrahim，Behrang，Masoud & Fatemeh，2014；Voola et al.，2012；Wang，Chen & Chen，2012）。但相关的创新探讨仍在有限的理论与正在进行中的实证研究的领域，较少从吸收能力角度去探讨企业如何从市场相关技术或产品信息中筛选，并通过消化、吸收、转化为有价值的知识，即吸收能力是如何起到中介作用的。

同时，在较高的创新驱动和环境的不确定因素影响下，企业又是如何通过机会感知，去进一步提高吸收能力，进而提高新产品创新绩效的，这也是研究的亮点。因此，本书基于扎赫拉与乔治（2002）的框架并在此基础上进行拓展，主要从市场导向和技术机会角度探讨创新驱动对新产品创新绩效的影响，图3-2为本书的研究框架。

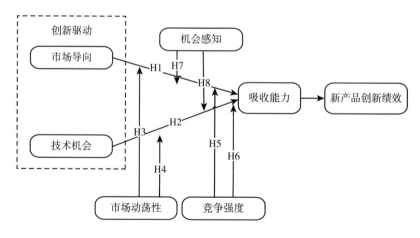

图 3 - 2　研究框架

在本书的概念模型中，对创新驱动从市场导向和技术机会两个方面去探讨，展示创新驱动（市场导向和技术机会）、吸收能力和新产品创新绩效之间的关系、路径与机理。此外，对环境的不确定性研究从市场动荡性和竞争强度两个方面去探讨，框架也凸显市场动荡性、竞争强度、机会感知作为调节变量来促进市场导向和技术机会对吸收能力的影响。

综上所述，基于知识基础理论观点，本书认为在市场导向和技术机会推动下，企业能够实现新产品创新绩效。具体来说，本书首先提出假设，市场导向和技术机会能够促进企业新产品创新绩效的提高，但受到吸收能力的影响，即吸收能力中介创新驱动和新产品绩效间的关系，如假设1和假设2所述。本书进一步提出，现有环境不确定因素可能积极影响市场导向与吸收能力、技术机会与吸收能力之间的关系，如假设3 ~ 假设6所述。此外，本书还提出假设，即市场导向、技术机会对企业吸收能力的影响可以通过企业机会感知能力得到调节作用，如假设7和假设8所述。本章将详细描述概念模型中涉及的各个变量及变量之间的关系和机理。

3.2　研究假设

本节从创新驱动、吸收能力和创新绩效的关系出发，分析吸收能力在创新驱动和新产品创新绩效之间的中介作用，以及环境不确定性及机会感知对创新驱动和吸收能力的调节作用，并通过文献梳理提出了8个研究假设。

3.2.1　吸收能力中介市场导向与新产品创新绩效

一个企业与其他竞争对手的主要区别来源于知识资源（Grant，1996）。知识资源是指企业具有创造性、独特性、难以模仿等特性的内部能力，而其中市场知识最为重要（Luca & Atuahene – Gima，2007）。市场知识是指公司拥有的有关顾客和竞争对手的相关知识（Day，1994；Kohli & Jaworski，1990；Narver & Slater，1990）。市场导向在企业的可持续发展中发挥着重要作用，公司能够产生、传播和使用其客户与竞争对手相关的信息。公司具备较高的市场导向是企业培养竞争优势及为潜在顾客提供超额价值的最有效率和最有效果的方式之一（Narver & Slater，1990）。拥有较高市场导向的企业，需要获取消费者当前及未来需求信息，并将市场情报在企业内部传播、共享，并对市场信息作出回应。具有较强市场导向的企业，会主动迎合顾客不断发生变化的偏好，了解顾客需求，发现公司所缺少的能力或者发现正要浮现的市场机会，进而发展所需要的能力，通过分析环境为顾客创造价值，通过开发新产品或新服务来促进绩效的提高（Mohr，Sengupta & Slater，2010；Slater & Narver，1994）。本书认为，组织拥有越多的市场信息，就越能促使组织产生吸收能力，进而提高企业的竞争优势。

首先，根据知识基础理论，格兰特（grant，1996）提出知识很重要，但知识重要并不在知识本身，而是整合知识的机制很重要，如何将知识整合才是企业竞争优势的来源。因此，如何将知识透过吸收能力，对知识进行获取、消化、吸收并转化为创新才是企业取得创新绩效的源泉。一个企业接触到知识时，将会影响到企业的决策（March & Simon，1993）及未来能力的培养（McGrath & MacMillan，1995）。对企业来说，市场知识是企业最先接触到的，它可以了解市场目前情况，如顾客、供应商、竞争对手、政府部门等，这些知识的多样性、宽度和深度都会影响企业对知识的获取。当企业拥有越多的市场信息，越会增加想要去消化这些信息的意愿。因为拥有越多的市场信息，表示企业越能掌握顾客的需求、竞争者的举动，因此，为了能抓住机会，企业会提高消化这些信息的倾向，试图把这些信息结合公司的优劣势，去产生独特的公司知识（Mcdonald & Madhavaram，2007）。拥有越多的市场知识，企业就越会有倾向去对信息进行消化、吸收，从而促使企业培养对知识获取、同化、转化并应用的能力，即吸收能力，而这种能力恰恰对企业长期绩效的提高是必要的（Day，1994）。企业内部新知识的创造能够正向积极影响企业创新

（Costa & Monteiro，2016）。

其次，企业拥有较高的市场导向，就会拥有较多的市场知识，包括顾客的、竞争对手的知识，这种情况下，企业所获取的外部市场知识在信息量、信息渠道及难易程度上都会有所不同，企业及成员就更容易获取到更多外部的相关讯息（Castro，2015）。同时，企业拥有越多市场知识，越会促使企业成员更愿意将市场信息转换成实现组织目标的有用知识，并对这些知识加以开采，以响应市场需要。拥有较高市场导向的企业会促使企业及员工培养对外部市场知识的获取、消化、吸收、应用能力。因此，市场导向越高，企业获得的相关讯息就越多，知识就越复杂，这就促使企业产生吸收能力，对获取的信息进行消化、吸收和应用，才能将有价值的知识转换成企业绩效。企业拥有的知识资源、具备的营销能力和吸收能力互为补充，共同促进企业新产品绩效的提高（Saeed，Hossein & Zhaleh，2016）。公司市场导向较低时，公司及企业成员不能有效地获取顾客需求及采取竞争行动，此时，外面的信息仍然会促使企业成员转换与利用所吸收的信息，但效果会较差，无法实时反映市场需要；或者，因为不能洞察市场需要，公司管理层也无法马上知觉组织缺少的信息，也减少了成员从事信息转换与开采的意愿。

最后，企业的吸收能力总是通过外部新知识与已有知识的相互作用，使企业的产品升级换代和产品开发成为可能，能否有效地获取和利用外部知识会影响到企业吸收能力的形成与积累（Kotabe et al.，2011）。组织对外部知识的吸收能力是决定创新绩效的一项重要因素（Cohen & Levinthal，1990）。企业拥有较高的吸收能力，就越有能力掌握外部信息及应对外部环境变化，也就能更好地抓取有用的知识进行创新应用，从而取得较高的创新绩效（Szulanski，1996）。企业拥有较高的吸收能力，进而能更好地掌握外部信息及适应外部环境，反过来也更有能力识别有用的知识，并加以吸收来创造出对企业有价值的绩效（Ahimbisibwe et al.，2016；Lewandowska，2015）。吸收能力可以帮助企业开发新产品并强调管理人员要加强对企业内外部知识的管理（Zhang et al.，2018）。

综上所述，在较高的市场导向下，企业会获取更多的外部知识如市场知识，大量外部信息促使企业提高消化外部信息的倾向，以便对信息进行获得、同化、吸收、转换，并提高自己的能力来有效利用此信息转换为公司独特的知识（Lau & Lo，2015）。如果企业拥有较高吸收能力，就能更好地掌握外部信息及适应外部环境，也就更有能力将有用的知识，加以转化、整合，从而提高新产品创新绩效。基于以上论述，本书提出假设1。

H1：企业吸收能力对市场导向与新产品创新绩效的关系起中介作用。

3.2.2　吸收能力中介技术机会与新产品创新绩效

一个企业要在行业中具有竞争优势，既需要拥有和控制罕见的、有价值的资源，并且需要借助企业内部的整合机制，将获取的知识进行同化、转换、应用，为客户提供比竞争对手更好的产品或服务，从而取得竞争优势（Barney，1991；Grant，1996）。本书认为，除市场信息外，技术机会为另一个重要因子。技术机会的重要性部分归因于高科技行业经济知识外部效应影响（Audretsch & Feldman，1996）。

斯里瓦民桑、丽莲与兰加斯瓦米（Srinivasan，Lilien & Rangaswamy，2002）认为企业具备感知技术并能作出相应反应的能力，可以提高企业的竞争优势。当技术选择越多时，企业有更多的机会通过技术创新来获取竞争优势。技术机会越多，表明外部信息越多，可以获得的相关外部技术知识数量增加，新技术的出现就为产品创新打开大门。同时，这些大量技术信息会促使企业培养吸收能力的动机（Lichtenthaler，2016），学习环境越具有挑战性，企业通过增加研发投入培养自身吸收能力的动机就越强。在技术机会低的环境中，公司缺少寻求多样知识的路径，手头已有的知识也是有限的，企业成员可选择性就大大降低，员工从事信息转换与开采的意愿相比技术机会高的时候也会较低。这种情况下，团队成员可能更依赖于熟悉的知识，借助于已有的方式来发展新产品，成员不会有太大的意愿去吸收外部的技术信息。

企业意识到要取得竞争优势需要抓住现有的知识和技术，去开发新产品从而创造效益（Bavarsad, Kayedian, Mansouri & Yavari, 2014）。特定的技术环境也给团队成员提供了以前未曾探索的领域，以及开发利用知识的可能性，这就产生了突破性创新（Ahuja & Lampert, 2001），从而产生创新绩效。吸收能力应该包括各种技能和能力，包括市场能力和技术能力（Yoo, Sawyerr & Tan, 2015）。企业吸收能力越强，企业就能够收集越多的技术信息，并传播信息，进而回应市场需求，从而提高企业整体创新绩效（Lichtenthaler, 2009）。基于此，本书提出假设2。

H2：企业吸收能力对技术机会与新产品创新绩效的关系起到中介作用。

3.2.3　市场动荡性对市场导向与吸收能力关系的调节效果

环境的不确定性指市场呈现的交易环境变化的不可预测性，反映了企业所处环境的复杂性、未知性和动荡程度（Miller, 1987）。在本书中，环境不确定性主要通过市场动荡性、竞争强度加以衡量。

以市场为导向的公司更擅长收集和解释有关市场环境的信息（Armario, Ruiz & Armario, 2008）并对商业环境作出更多响应（Jimenez – Zarco, Martinez – Ruiz & Izquierdo – Yusta, 2011）。由于动荡的市场表现出快速变化的买方偏好、广泛的需求、持续的买方进入和退出市场，并不断强调提供新产品（Hult et al., 2004），动荡的市场必须不断调整产品和服务，以满足客户的新需求。面临不确定性程度低的环境，顾客偏好的变化、技术变革的倾向和竞争对手行为等环境，都呈现稳定、容易预测的状态，这个时候，企业即使拥有的市场导向不高，也能掌控市场状况，作出正确决策判断，市场导向对企业绩效的影响不明显（Jaworski & Kohli, 1993）。面对不确定性高的环境，拥有较低市场导向的企业，在准确把握环境变化上存在难度，无法跟上动荡的、不断变化的市场需求，这时，市场导向程度高的企业将能快速而准确地了解顾客需要，为其创造差异化的顾客价值，并将其转换成组织及成员能够获取的能力，进而获得优异的企业绩效（Jaworski & Kohli, 1993）。

市场的动荡性指行业里随时间变化顾客的偏好倾向程度的变化（Jaworski & Kohli, 1993; Santos – Vijande & Álvarez – González, 2007）。动荡的市场特点是在产品偏好和顾客需求、生产技术和竞争格局上体现的频繁且不可预测的变化（Atuahene – Gima, Li & Luca, 2006）。企业对动荡市场的普遍反应是改进现有产品或开发新产品以减少动荡性的影响和提高绩效（Hakonsson et al., 2016）。企业努力去理解市场趋势变化，并在动荡市场中更替现有产品。面对消费者偏好多变的市场，市场会呈现大量顾客和竞争对手的信息，而拥有较高市场导向的企业会获取大量消费者、竞争对手的丰富市场知识，通过资源的有效配置，生产出适合不同需求的产品和服务，以迎合顾客不断变化的需求偏好（Kumar, Jones, Venkatesan & Leone, 2011）。市场动荡增加了公司业务流程的模糊性和风险性，以及市场和公司绩效的随机性（Wang, Dou, Zhu & Zhou, 2015）。根据客户的偏好和需要去储备知识，以及保持学习能力是面向市场的组织所具备的特征（Berger et al., 2002）。而动荡的市场环境会促使企业加强对市场知识的储备和有效使用，促使企业把市场信息迅速转换成对公司有利的知识，对获取的外部信息进行获取、了解、消化，并对知识进行有效利用，从而为企业在动荡环境下取得优异绩效创造有利条件。激烈的竞争环境也会促使企业加强对竞争者关注的同时，也会不断对自身经营行为进行思考，加强对外部信息知识的消化、吸收，为提高企业绩效做准备（Jaworski & Kohli, 1993; Olson, Slater & Hult, 2005）。

佩勒姆（Pelham, 1997）提出市场变化越大，就越会对市场导向产生越强的影响。市场动荡性高时，顾客偏好不断改变，拥有市场导向越高的企业越能够了解竞争者或顾客现在或未来的需求和举动，占有主导地位，能够预测未来的情况，抓住机会，在动荡的环境中推出新产品（Wang et al., 2015）。市场动荡性低时，顾客偏好不会经常改变，这时，即使企业拥有市场导向，也会降低企业去消化这些信息的动机，企业培养吸收能力的动机也会较低，也缺少动力去通过竞争来整合知识创新产品，从而对知识进行消化、吸收的情况也就比较低，也不会采纳相应的措施去创新，因而新产品创新机会也较少。

综合以上，市场动荡性高时，顾客偏好不断在改变，在这种情况下，当企业拥有越多的市场导向，越能掌握顾客现在与未来的潜在需求，促使企业提高倾向消化市场信息，进行信息的筛选、转化并将顾客和竞争对手的信息转换成有价值的知识，与企业本身优势相配合，来提高新产品的创新绩效。高的市场连接能力和高市场动荡的结合能增强新产品开发绩效（Chen，Wang，Huang & Shen，2016）。相反，市场动荡性低时，表示顾客的偏好大多一成不变，此时企业虽然拥有市场导向，但企业成员会认为顾客的需求是不变的或类似的，因此会降低成员去消化这些信息的动机，或者即使消化信息也无法将这种市场信息转成更多有用的知识，新产品的创新绩效也会比较低。因此，本书提出假设3。

H3：市场动荡性对市场导向与吸收能力之关系起到正向的调节效应。即市场越动荡，拥有市场导向的企业越能提高企业的吸收能力；相反，市场动荡性越低，会降低市场导向对企业吸收能力的影响效果。

3.2.4 市场动荡性对技术机会与吸收能力关系的调节作用

卡西曼与维格勒斯（Cassiman & Veugelers，2006）认为动荡环境下，单纯从内部对技术和市场发展做出响应已不够，企业需要积极地获取外部知识。企业成功的关键因素之一就是能在动荡的环境上获取、同化、转换、应用外部知识，而在稳定的环境中，企业对外部知识的获取需求及市场知识产生的速度都有所下降（Zahra & George，2002）。因此，本书认为市场动荡性会影响技术机会与吸收能力之间的关系。

市场动荡性反映了一个行业里消费者对产品的偏好及变化程度（Jaworski & Kohli，1993；Olson et al.，2005），它是环境不确定性的一个关键来源。市场动荡性高的特征是顾客不断寻求新的产品或服务，不断改变消费偏好（Olson et al.，2005），消费者需求也比较宽泛（Santos - Vijande & Álvarez - González，2007），企业为了盈利就必须为顾客创造价值，通过对所处行业数据的掌握来清楚地了解顾客需求变化。技术机会是管理者感知到外部相关技术知识的数量，并能够持续增加与此技术相关的研发投入机会（Klevorick，Levin，Nelson & Winter，1995；Kumar & Siddharthan，1997）。企业研发投入不仅能产生新知识，而且有助于其吸收能力的提高，进而产生创新，获得企业竞争优势。创新活动是企业获得竞争优势的不竭源泉。因此，企业意识到这一点，就会努力为开发新技术培养所需的技术知识，以便开发新产品及生产过程，从而提高新产品创新绩效（Nieto & Quevedo，2005）。

市场越动荡，顾客偏好经常发生改变，企业就会拥有越多的技术机会。在技术领域，较高的技术机会通常与较高的技术潜能相联系（Cecere，Rexhäuser & Schulte，2019），企业越能够了解竞争者或顾客现在或未来的需求和举动，就越能够对行业发展趋势作出预测，从而抓住技术机会，促使企业对相关技术信息进行筛选、消化，从而转化成有用的知识，培养企业的技术优势。技术知识不仅指与技术进步相关的知识，竞争对手的信息也是技术知识的来源（Tödtling，Lehner & Kaufmann，2009）；而市场动荡性较低时，顾客偏好不会经常改变，消费需求的反应也不那么明显，这时，即使企业拥有较多的技术机会，但没有用户的需求拉动，企业也没有更多的动机去消化这些信息，企业愿意培养吸收能力的动机也较低，不断变化的顾客需求要求企业依靠创新来持续修改他们的产品或服务来调整运营计划，但企业不会采纳相应的措施去创新，因而新产品创新机会也较少。

综上所述，一方面，市场越动荡，消费者需求变化越大，就越会促使企业更好地把握顾客需求，学习更多的技术或争取更多的机会，企业成员在顾客偏好变动快速的情况下，就会更容易注意目前的技术机会，因此技术选择性越多，这促使企业成员吸收外来技术知识的可能性就越高。另一方面，为满足顾客快速变化的需求，在竞争中取胜，企业会增加研发投入，抓住新技术为推进下一代产品创造机会；否则，他们也将被挤出市场（Li & Calantone，1998）。频繁的技术更新和变化成为动荡技术中的常态环境（Lee，Katzorke & Michael，2010），其中产品可能会过时或不再有需求。这种技术的动荡导致企业会增加知识分享和集体学习的机会，提供更积极的方法来抵消技术动荡，促使企业提升其自身吸收能力，将有用的知识转化成新产品。简言之，企业为更好地适应技术环境的变化，会对不断出现的技术机会作出回应，通过技术提升去完善、提高企业自身吸收能力，加速对技术的同化、转换、应用，为消费者提供更符合其需求的产品。然而，在市场动荡性程度较低的环境下，顾客需求变化不大，企业即使拥有较多的技术机会，但企业提高吸收能力的动机也不强，就不能很好地将市场知识转换为新产品。根据以上论述，本书提出假设4。

H4：市场动荡性对技术机会与吸收能力之关系起到正向的调节效应。即市场越动荡，面临更多技术机会的企业越能提高自身的吸收能力；相反，市场动荡性越低，企业面对较低的技术机会，其吸收能力也会降低。

3.2.5　竞争强度对市场导向与吸收能力关系的调节效果

竞争强度是指一个公司在行业内面临竞争的程度，也指市场内企业之间彼此对抗的程度（Jaworski & Kohli，1993；Zhou et al.，2005）。竞争强度经常伴随着激烈的价格战、大量的广告投入及竞争产品的出现（Chen et al.，2005）。竞争强度是构成环境动荡性的因素之一，在这种环境下，企业能够扩大市场份额并获得更高利润（Andrevski，Richard，Shaw & Ferrier，2014）。

随着市场竞争速度加快，企业需要更快的响应能力（Day，2011）。当企业处于竞争强度高的市场环境中时，企业竞争对手的数量较多，竞争对手间的竞争更加激烈。企业要想取得竞争优势，不仅需要对顾客的需求作出及时回应，还需要对竞争对手的信息迅速反应。具有较高市场导向的企业可以比竞争对手更能准确地理解顾客需求，预测其未来消费需求的变化，并能通过企业学习将获得的市场知识与企业吸收能力结合，通过对获取的信息进行同化、转化、应用，转变成有用的知识，从而为顾客提供更好的新产品或新服务。当企业处于竞争强度低的市场环境中时，企业的竞争对手数量较少，竞争对手之间的竞争更加平和（Song & Parry，

1997）。企业缺乏竞争的动力，获取知识、转化知识、应用知识的能力就会降低，知识转换、应用及新产品创新的速度也会降低。

同时，科利与贾沃斯基（Kohli & Jaworski，1990）指出，面临竞争强度高的环境，消费者面临更多的产品或服务选择，这就对企业提出更高的要求，企业需要更加关注顾客消费需求的变化，去考虑顾客的需求，将传达的信息进行消化吸收、转换、应用，并转换为创新行动，生产出满足顾客偏好和需求的产品，从而取得创新绩效。面对这种情况，企业获得竞争优势的关键是加速对知识的吸收并尽快转化为新产品。而在竞争强度低的市场环境中，顾客对所需产品的选择很少，即便不去追踪顾客需求的变化和对顾客偏好进行迅速反应，因为消费者忠实于该企业的产品或服务，公司运行也会不错（Jaworski & Kohli，1993）。这时企业通过顾客偏好获得的信息较少，自然信息转换能力相对较弱，也就不能很好地对获得的信息进行吸收、转化。

综上所述，本书认为市场竞争强度高的时候，顾客选择性增多，拥有较高市场导向的企业能较快地感知到顾客需求的变化及竞争者的举动，企业为了超越竞争者在行业内获取竞争优势，会把收集的信息进行消化、吸收，并结合企业自身的优劣势转换成企业独特的知识，以快速反映顾客需求或提高产品定位。因此，市场竞争强度越高时，企业相对于竞争对手反应越要迅速；相反，市场竞争强度低时，企业面临的竞争少，顾客选择性也少，这时拥有较高市场导向的企业也会获得有关顾客和竞争对手的信息，企业也可以去消化信息，但这种消化吸收知识的动机将会大大降低。基于以上推理，本书提出假设5。

H5：竞争强度对市场导向与吸收能力之关系起到正向的调节效应。即竞争强度越高，在市场导向作用下，企业越有可能提高自身的吸收能力。

3.2.6　竞争强度对技术机会与吸收能力关系的调节效果

竞争强度反映了行业内部企业之间竞争的程度（Jaworski & Kohli，

1993）。一个行业内竞争强度越强，在价格竞争和促销大战下，产生的信息量也就越大，企业为树立其所在领域的竞争优势，促使企业对市场知识进行消化、吸收，从而产生吸收能力。

当企业处于竞争强度高的市场环境中时，竞争对手在产品的生产工艺、引进新技术等方面变化迅速。企业为获得竞争优势，就需要培养自身的差异优势，找到新方法来瓦解竞争对手的优势（Hughes & Morgan，2007），这就促使企业追踪并研发新技术，以适应技术的快速变化，并通过对知识的整合、探索新观点并用新颖方法去解决问题。同时，强大的竞争压力也推动团队去探索和挖掘与竞争对手不同的技术信息，通过学习及知识的整合，掌握相关新技术，这有助于企业对信息的消化、吸收、转换，从而培养吸收能力（Nieto & Quevedo，2005；Voola et al.，2012），进而更可能持续开发新产品来满足顾客需求，可能比竞争对手提前一步，更能在竞争中获胜（Jaworski & Kohli，1993；Zahra，1996），从而取得创新绩效。在较低的竞争强度下，缺少竞争压力，行业内技术变化不大，企业会关注熟悉的技术而不是新颖的技术，行业面临技术机会也不多，公司开发新产品的意愿也不高，对技术的应用都是基于现有掌握的技术来改善现存的产品来满足消费者需求。因此，团队成员只会依靠熟悉的技术或过去的老方法来开发新产品，企业培养吸收能力的动机也较低，从而对技术知识进行消化、吸收的情况比较低，企业对技术的投入加大意愿不高，也就不会取得创新绩效的提高。基于以上讨论，本书提出假设6。

H6：竞争强度对技术机会与吸收能力之关系起到正向的调节效应。即竞争强度越高，在技术机会推动下，企业越有可能提高自身的吸收能力。

3.2.7 机会感知对市场导向与吸收能力关系的调节效果

企业创新活动的发生，经常通过管理者的主观感知开始，然后通过搜索、学习、建立和落实这个创新过程。与这种主观观点相对应，熊彼特（1934）也倡导创新，特别是重大的组织变化依赖于管理者的直觉，看到事物本身并提出假设，进行事后验证的能力。同样，直观的创新发展取决于经理人的经验和知识，而这些经验和知识是分散的、隐含的和主观的，这种直观的感知能力就是机会感知能力。机会感知是指一个人对环境变化的主观感知、识别和塑造的机会（Teece，2007；Wang & Ahmed，2007）。当个人或企业在面对混沌的环境时，会由对自己身份的建构、对以往经验的回顾萃取线索，理出合理解释。

同时，机会感知能力根植于市场及其发展的知识，但它以组织信息处理活动为基础，如对信息的扫描、过滤、评估和解释（Mu & Benedetto，2012）。对一个企业来说，无论是科学技术知识还是一个部门的特定知识，创新的一个核心要素就是知识（Hjalager，2010；Teece，2007）。

企业内部通过感知动荡的环境来保证共享信息的可信度。机会感知有助于企业将收集到的知识构建有利于客户偏好、竞争者倾向的部门活动，这都有益于提高产品创新（Akgün，Keskin，Lynn & Dogan，2012）。企业成员也会有明确方向去消化那些有用的信息，促使企业去消化这些信息形成企业独特的知识，从而满足顾客的需求；而企业感知能力低时，在拥有越多市场导向时，企业也会获取信息，但企业对获得的信息不敏感，无法感知潜在的机会，或企业成员因为信息过多，也不会对获得的信息进行很好地消化、吸收并转换成有价值的知识。机会感知使管理层能够从不确定性进入结构化风险分析过程，避免潜在损失，即使面对风险也能实现卓越的结果（Mu，2015）。

企业在进行这种信息筛选并将其转换为吸收能力时受到机会感知的影响，管理者对外部环境的机会感知越强，管理者越有能力感觉到市场机会及面临的危险，越有能力去辨识知识，企业依靠感知能力，以确定一个新的问题或感知该组织当前和潜在绩效之间的缺口（Bouquet & Birkinshaw，2008），来采纳管理实践中的创新，将有用的信息整理成有价值的知识（Lindblom，Olkkonen，Mitronen & Kajalo，2008），从而更好地转化为新产品绩效。相反，当管理者机会感知能力弱时，顾客及竞争者都传达了信息，但管理者无法感知到这种讯息，也没有能力去辨识，企业消化这种知识情况比较低，吸收能力的动机也较低。

综合上述讨论，如果管理者对外部环境感知能力较强时，能够更快地感知市场机会，能辨识是市场机会还是企业面临的威胁，并能结合企业本身情况，促使企业把市场信息迅速转换成对公司有利的知识，同时对获取的外部信息进行获取、消化，并对知识进行有效利用，进而转换为公司能够执行的一系列措施，如快速回应顾客需求。相反，当管理者对外部环境感知能力较低时，面对市场所传达的顾客、竞争对手的信息，管理人员没有能力感知到，也没有能力辨识是机会还是威胁，导致企业去培养吸收能力的动机也较低，从而对知识进行消化、吸收的情况就比较低，也不会去采纳执行相关政策。综观上述，本书提出假设7。

H7：机会感知对市场导向与吸收能力之关系起到正向的调节效应。即企业对外部环境感知越强，拥有市场导向的组织更容易促使企业提升吸收能力。

3.2.8 机会感知对技术机会与吸收能力关系的调节效果

挖掘外部知识是企业创新能力的一个重要体现（Stigliani & Ravasi，2012）。一个组织的学习能力受到技术知识的影响。技术机会的增加使企业在相对困难的环境下可以获得相关技术知识，从而在运营中投入更多的技术或加大对员工的技术培训力度。技术机会越多，外部信息量越大，这些都会增加企业培养吸收能力的动机和意愿，也会推动企业为构建吸收能力而增加研发投入和员工培养吸收能力的动力。

机会感知能力是公司领导或管理人员对环境变化的主观感知、识别和塑造机会的能力（Teece，2007；Wang & Ahmed，2007）。在动荡的环境中，企业需要不断改变、适应、创新或重塑环境，组织的机会感知能力是一种有价值的方法（Cederlund，2015）。面临众多的技术机会，会促使企业成员对信息进行吸收产生新的创新，而从企业资源分配的角度，企业可以有效分配资源，促进企业成员去消化、吸收技术机会知识或信息，把它变成公司创新的成果。如果企业感知能力高，就能够把握行业技术未来的发展方向，企业会选择适当的工具，对技术信息进行消化、吸收、转换；企业能够识别出市场环境中的紧急情况，为成功开发新产品识别和创造机会，捕捉顾客现存的和潜在的市场需求，并比竞争对手提前响应市场的变化（Du & Kamakura，2012；Teece，2007）。如果企业机会感知能力低，企业无法辨识选择哪种工具，因此就有可能会作出错误的判断，而这时企业看到决策方向的偏离也会想办法去改善，但其转换吸收效果会大打折扣，在市场上就丢掉了先机（Rouleau & Balogun，2011）。

另外，当技术机会增加时，企业成员会更愿意吸收可能的技术工具或技术手段，而加以转换成公司自身的技术，并对之进行开采和利用；如果管理者的经验和知识相当丰富，外部技术变化的信息就能较快地传递到公司，管理者有能力对技术信息的变化作出反应，企业就能够较快、较好地辨识、筛选信息，从而能够更快地将信息转化成有用的知识，从而促进企业的吸收（Teulier & Rouleau，2013）；相反，如果企业自上而下的渠道闭塞，管理者经验不丰富，不能对外部技术环境有较好的辨识、反应，企业就不能很好地感知到技术的变化，在技术机会增加时，大量的技术信息就不能很好地被企业吸收，这种转化为有用的知识的能力就大大下降。

机会感知为企业提供大量与外部市场活动相关的知识，有助于在企业内部分享有关客户知识、竞争对手见解、隐性知识、技术知识和新产品愿景等概念的相关信息（Akgün et al.，2012）。如果管理者对外部环境感知能力较强时，能够更快地知觉技术机会，能辨识技术机会和企业面临的威胁，并能结合公司本身情况，促使企业追踪并研发新技术，以适应技术的快速变化，并对获取的外部信息进行消化、吸收，并对知识进行有效利用，通过引进新技术或自主研发来转换成自己的能力，如生产出满足消费者需要的新产品。当管理者对外部环境感知能力较低时，面对市场所传达的新技术，企业或管理人员没有能力觉察到这种机会，也没有能力辨识这种新技术带来的是机会还是威胁，导致企业培养吸收能力的动机也较低，从而对技术知识进行消化、吸收的情况就比较低，企业也不会增加技术投入或加大对员工的培训。基于以上讨论，本书提出第 8 个假设。

H8：机会感知对技术机会与吸收能力之关系起到正向的调节效应。即企业对外部环境感知越强，拥有技术导向的组织更容易促使企业提升吸收能力。

3.2.9　假设汇总

根据以上论述，本书中所有假设汇总如表 3-1 所示。

表 3-1　　　　　　　　　　　研究假设汇总

序号	假设
H1	企业吸收能力对市场导向与新产品创新绩效的关系起中介作用
H2	企业吸收能力对技术机会与新产品创新绩效的关系起中介作用
H3	市场动荡性对市场导向与吸收能力之关系起到正向的调节效应
H4	市场动荡性对技术机会与吸收能力之关系起到正向的调节效应
H5	竞争强度对市场导向与吸收能力之关系起到正向的调节效应
H6	竞争强度对技术机会与吸收能力之关系起到正向的调节效应
H7	机会感知对市场导向与吸收能力之关系起到正向的调节效应
H8	机会感知对技术机会与吸收能力之关系起到正向的调节效应

在研究过程中，资源基础理论和知识基础理论贯穿整个假设推理过程，为本研究提供理论支撑。

根据知识基础理论，提出知识很重要，但知识重要并不在于知识本身，而是整合知识的机制很重要（Grant，1996），如何将知识整合才是企业竞争优势的来源。因此，知识本身不是太重要，通过吸收能力，企业将获取的知识通过同化、转化并应用，促使企业取得创新绩效才是根本。

企业拥有较高的市场导向，企业获取更多的市场知识，这些促使企业有提高消化外部信息的倾向，以便对信息进行获得、消化、吸收、转换，并提高自己的能力来有效利用此信息转换为公司独特的知识（Lau &

Lo，2015）。同时，当技术选择越多时，企业可以获得的相关外部技术知识数量增加，企业有更多的机会通过技术创新来获取竞争优势。同时，这些大量技术信息会促使企业培养吸收能力的动机，学习环境越具有挑战性，就越能增加研发投入来培养企业吸收能力。

综上所述，在解释市场导向和技术机会对促进新产品创新绩效的影响时，企业需要将获得的市场知识、技术信息进行消化、吸收并结合企业自身的优势进行应用，以转化为公司独特的知识，从而形成新产品创新绩效，即吸收能力中介创新驱动和新产品创新绩效之间的关系，信息、资源、知识、能力在其发展历程中起着引导作用，所以知识基础理论在此部分起着理论指导作用。

在企业内知识的转化过程中，会受到环境因素的影响，不同情境下，转换的效果会有差异。本书认为，市场动荡性、竞争强度、机会感知尤为重要。市场的动荡性，体现了顾客偏好的变化，企业拥有越多的市场导向，就越能掌握顾客现在与未来的潜在需求，去回应顾客的需求。同时，企业也拥有越多的技术机会，这些都促使企业提高倾向去消化市场信息及技术信息，对信息进行筛选、转化成有价值的知识，并与企业本身优势相配合，进而提高新产品的创新绩效。竞争强度高的时候，拥有较高市场导向的企业能较快地感知到顾客需求及竞争者的行动举措，并能快速回应顾客。同时，竞争强度越高，企业相对于竞争对手反应越要迅速；促使企业追踪并研发新技术，以适应技术的快速变化，并通过对知识的整合，探索新观点并用新颖方法去解决问题。

同样，管理者对外部环境感知能力较强时，能够更快地感知到市场机会和技术机会，能够辨识是机会还是威胁，并能结合公司本身情况，促使企业把市场信息迅速转换成对公司有利的知识，对获取的外部信息进行获取、消化，并进行有效利用，进而转换为公司能够执行的一系列措施，从而获得新产品创新绩效。

综上所述，在解释市场动荡性、竞争强度、机会感知对市场导向和技术机会对企业吸收能力的影响关系中，将知识基础理论作为逻辑论述的理论支撑。

3.3 本章小结

本章包括以下三个方面问题：首先，基于知识基础理论，将市场知识和技术知识作为创新驱动的来源，将创新驱动分为市场导向和技术机会两个方面，将环境的不确定性从市场动荡性和竞争强调两个维度来测量；其次，依托相关理论和文献，提出了研究框架；最后，根据相关理论分析，提出了研究假设。

第 4 章
创新驱动、吸收能力
和新产品创新绩效研究方法

基于前面章节的逻辑架构，以及有效测量构念的要求，本章将详细说明市场导向、技术机会、吸收能力、新产品创新绩效、市场动荡性、竞争强度及机会感知变量的量表发展与框架的验证过程。以下将从问卷设计与数据收集、研究过程、变量测量工具、统计分析方法、小样本收集和前测来进行论述。

4.1 问卷设计与数据收集

在本小节里，主要介绍样本发放对象母体情况及采用的抽样方式和具体的问卷发放过程，并阐述问卷设计过程，具体情况如下。

4.1.1 母体

本书中的调查数据主要以高科技产业与互联网企业为主。高科技产业是从事高科技技术产业领域中的企业。OECD 列出的高科技产业包括：电子通信、航空航天、医药制造和科学仪器四类行业（OECD，2005）。

本书主要针对新产品创新中市场导向、技术机会、新产品创新绩效之间的关系进行研究。我们延续新产品开发方面的研究（Atuahene‐Gima & Wei，2011；Luca & Atuahene‐Gima，2007；Wang & Rafiq，2014），将研

究聚焦于高科技产业，因为高科技产业在新产品的回报方面更加明显
（Song & Parry，1997）。研究样本包括中国的高科技产业公司和互联网公
司。我们选择中国作为样本来源的原因如下：首先，中国经济转型的极
端复杂性和动态性意味着企业面临新的竞争挑战（Li & Atuahene - Gima，
2001），这些企业能够通过持续增加新产品来获得利润和收益（Chang，
2015）。其次，随着中国经济的发展，中国拥有一批先进的高科技企业和
具有影响力的互联网公司，它们对中国经济发展作出了重要贡献并积极
开展新产品创新活动（Grimpe & Kaiser，2010；White，2000）。例如，德
勤高科技高成长50强项目源自美国硅谷，被称为"全球高成长企业的基
准"，于2005年走入中国。2017德勤高科技高成长中国50强获选企业分
别来自硬件、软件、媒体/电子商务、清洁技术、生命科学、通信/互联
网等领域，入选企业多半集中于北京、上海、广东、深圳四大城市。因
此，在中国，随着技术创新的快速发展和竞争的不断加剧，高科技产业
和互联网行业是经济发展的重要动力，高科技企业和互联网公司需要不
断研发新产品以快速响应客户不断变化的需求与偏好。

选择在新产品创新领域比较有代表性的产业即高科技产业及互联网行
业进行验证，具有一定的代表性。在进行样本收集和选择问卷调查对象时，
问卷填写人必须是对企业新产品开发流程比较了解的管理人员。我们要求
调查问卷必须由产品经理、项目经理、研发经理和营销经理填写，因为这
些人通常参与新产品开发全过程，他们之间也可以直接相互沟通交流
（Bonner & Walker，2004）。他们参与到新产品的创意、研发、生产、销
售等各个环节，对于企业如何获取市场知识特别是顾客和竞争对手的知
识，对知识获取、同化、吸收，并参与到新产品创新中有较高的发言权。

4.1.2　抽样方式和问卷发放

有效、成功的问卷调查，不仅要进行严谨、合理的问卷设计，在问
卷发放程序及有效性控制上也非常关键。为获得准确的数据信息，本次
问卷在样本的选择上进行严格的筛选，但填写问卷的人员需要是参与过

新产品开发、了解新产品开发流程并有能力回答的人，主要是管理人员。在问卷收集过程中，一个题项需要 5～10 倍问卷数作为支撑（Sekaran，2000）。本问卷共 43 个题项，根据这个原则，需要收集 215～430 份问卷，从而保证收集到的数据具备可靠性和准确性。对回收的问卷也要进行严格筛选，如填写不完整或选项答案全部一样，这类问卷都将视为无效问卷。从中国企业中选择适当的抽样方法来进行抽样，从而确保样本企业类别的多样性，选择范围较广泛来排除部门之间的偏差。

中国样本应该选择最适合研究的行业或地理区域（Zhao，Flynn & Roth，2006）。在中国，高科技产业的发展能力及取得的创新绩效在主要的几个大城市效果更加明显（Yam，Guan，Pun & Tang，2004）。北京、深圳是高科技产业或互联网公司比较集中的重要城市，其样本数据具有重要的代表性。同时，山东省的经济发展一直处于中国经济发展的前沿，其拥有许多高科技企业和互联网企业。另外，笔者本人在山东工作、生活，为了方便样本的收集和统计，本书将山东省也作为样本的来源地之一。本书中样本的选择与先前的很多研究一致（Atuahene – Gima & Wei，2011；Atuahene – Gima & Li，2000；Nieto & Quevedo，2005；Yuan & Chen，2015）。

从中国高科技产业认定组织及国家工业和信息产业部提供的北京、深圳、山东的 12108 家公司名录中，按照以上三个地区的企业比例，北京、上海、山东分别占比 50%、30%、20%，在其中应用随机函数分别抽取 30%（Troilo Luca & Atuahene – Gima，2014）。同时，为使样本数据更符合新产品创新的要求，保证数据更加可靠，根据王与拉菲克（Wang & Rafiq，2014）的研究，该样本仅限于满足以下两个要求：拥有至少 50 名雇员的公司；该公司开展突破式或渐进式创新并在过去三年中至少推出一件新产品。共有 2400 家公司符合要求。样本选择过去三年内的产品是因为新产品创新的比例与新产品研究一致，新产品从创意到投入市场，运行周期通常约为三年（Griffin，1993），样本选择时尽量减少与回顾性数据收集相关的问题（Miller，Cardinal & Glick，1997）。

在抽样过程中，一方面为了便于数据的收集，如果有朋友或同学在被调查的公司工作，这家公司将被作为首选；另一方面由于受客观条件和时间限制，很大一部分问卷是通过电子邮件来进行问卷发放和收集的。我们通过互联网查看公司网站信息，获取电子邮件和电话，通过打电话、发邮件来确认是否愿意参加问卷调查，最后确定有650家企业愿意参与研究。采取这种方法，以确保企业有足够的新产品创新绩效数据，从而提高研究的准确性和严谨性。同时，考虑问卷填写人工作繁忙，很难保证在规定时间内完全回收，在问卷收集过程中会不定时督促问卷完成情况，如通过打电话、邮件询问提醒。

在问卷的设计中，当所有数据项由问卷中的同一受访者填写时，会发生共同方法偏差（common method bias，CMB）。由于共同方法偏差对研究结论的有效性会产生影响，因此，研究结论也成为衡量误差的主要来源之一。本书中，过程控制方法和统计控制方法被用来降低共同方法偏差（Atuahene–Gima & Wei，2011；Podsakoff，MacKenzie，Jeong–Yeon & Podsakoff，2003）。

首先，问卷题项参考国外学者的成熟量表，针对问卷适用于中国情境下，对量表题项加以修正、完善，通过咨询相关领域专家进行修订，去除模糊、语义不清、不易衡量、重复的题项。同时，请两名企业管理专家参与探讨。在问卷设计中，编制部分逆选题项，来保证问卷填写过程中的准确性。其次，程序控制主要通过问卷填写中保护填写人信息、企业信息的隐匿性来实现。同时，在资料的发放和收集中，对不同的企业、不同的部门在不同的时间进行发放。以上这些方式尽量在数据收集过程中避免产生共同方法偏差，从而保证最后研究成果的有效性。

4.1.3 问卷设计

本研究问卷调查设计的目的是获得企业在新产品开发过程中所取得的一些实践性数据，以此来验证创新驱动因素下，吸收能力的中介影响作用，以及环境不确定性及机会感知调节下，对企业吸收能力的影响作用。

本研究涉及的调查问卷共由以下两个部分组成。问卷的第一部分是关于市场导向、技术机会、吸收能力、市场动荡性、竞争强度、新产品创新绩效等相关问题，共 43 个题项，主要是针对从事新产品或新服务开发的企业。问卷的第二部分是关于被调查企业的基本信息，包括公司成立时间、发展阶段、公司规模等信息。这些基本信息在数据分析时，可以当作控制变量进行选择。量表来源及题项如附录 I 表 1 ~ 表 7 所示。

4.2 变量测量

本书选择国外学者开发的成熟量表，采用李克特 5 级量表对题项进行测量，从非常不同意、不同意、一般、同意、非常同意五个程度，依同意程度从 1 ~ 5 进行分值确认。为让题项更符合中国情境，量表在英文翻译成中文时请相关学术领域的专家及新产品企业的经理对问题进行探讨，并通过小样本检测对题项表述不清及不适合中国情境的题项进行修改，从而提高量表的内容效度。在量表通过内部一致性检验基础上进行正式问卷发放。自变量、因变量、调节变量及控制变量详细测量情况如下所示。

4.2.1 自变量——创新驱动

创新驱动主要从市场导向和技术机会两个维度去测量（Dosi，1988）。

本书中市场导向的定义是参阅科利与贾沃斯基（Kohli & Jaworski，1990）的研究，是企业面对现在或未来的顾客需求，对市场情报进行收集并在各部门传播，再由企业对市场作出适当的回应。量表采用市场导向测量指标，共涉及 8 个题项（见附录 I 表 1）。该量表经过多名学者的使用和研究评价，具有较高的信效度，Cronbach's α 值为 0.863（Ellis，2007）。

技术机会定义为管理者通过产品与过程的创新来支持和生成成长机会的能力（Geroski，1990）。量表采用的是扎赫拉（Zahra，1996）关于技术机会测量指标，共涉及 5 个题项（见附录Ⅰ表2）。该量表经过多名学者的使用和研究评价，具有较高的信效度，Cronbach's α 值为 0.71（Zahra，1996）。

4.2.2　因变量——新产品创新绩效

新产品创新绩效是指为满足用户和市场的需求而引进新产品或新服务而带来的效益（Damanpour，1991）。这个效益主要是通过新产品获得的利润、销售额及市场占有份额来体现（Yang & Liu，2006）。量表采用的是蔡和杨（Tsai & Yang，2013）关于企业绩效测量指标，共涉及 4 个题项（见附录Ⅰ表3）。该量表经过多名学者的使用和研究评价，具有较高的信效度，Cronbach's α 值为 0.92（Tsai & Yang，2013）。

4.2.3　中介变量——吸收能力

吸收能力是企业的一套组织程序和过程，是企业获得、同化、转化和利用知识以产生组织需要的动态能力（Zahra & George，2002）。量表采用的是关于吸收能力的测量指标，共涉及 10 个题项（见附录Ⅰ表4）。该量表经过多名学者的使用和研究评价后，具有较高的信效度，Cronbach's α 值为 0.94（Iyengar，Sweeney & Montealegre，2015）。

4.2.4　调节变量——环境不确定性和机会感知

环境的不确定性是指企业面临的市场交易环境变化的不可预测性，反映了企业所处环境的复杂性、未知性和动荡程度（Miller，1987）。本书将环境不确定性通过市场动荡性、竞争强度两个维度加以衡量（Danneels & Sethi，2011；Dayan & Basarir，2010；Tsai & Yang，2013）。

第一，如上修正，市场动荡性是指一个组织的顾客的偏好随时间变化的倾向程度（Jaworski & Kohli，1993）。量表采用贾沃斯基与科利

（Jaworski & Kohli, 1993）关于市场动荡性测量指标，包括 5 个题项（见附录 I 表 5），该量表经过多名学者的使用和研究评价后，具有较高的信效度，Cronbach's α 值 0.76（Jaworski & Kohli, 1993）。

第二，如上修正，竞争强度是指一个企业所在行业内部面临的竞争程度（Zhou et al., 2005）。量表采用贾沃斯基与科利（1993）关于竞争强度测量指标，包括 4 个题项（见附录 I 表 6），该量表经过多名学者的使用和研究评价后，具有较高的信效度，Cronbach's α 值为 0.79。

第三，如上修正，机会感知能力是指一个人对环境变化的主观感知，以及识别和塑造的机会（Teece, 2007；Wang & Ahmed, 2007）。量表采用的是林等（Lin et al., 2016）关于机会感知测量指标，共涉及 6 个题项（见附录 I 表 7），该量表经过多名学者的使用和研究评价后有较高的信效度，Cronbach's α 值为 0.824。在林等（2016）的文章中，题项是 5 个，把"经历"和"知识"分成 2 个题项，但在英文题项翻译成中文时，根据研究问题、研究情境、研究领域，为了使英文量表能更符合观念性定义及研究情境，采取增加、删减题项或改变一些字眼的措施。同时，经过相关学术领域的专家及企业人员探讨，认为一个人的"经历"和"知识"通常并存，因此并没有将两个维度分开；而对于第 5 个题项，管理者具备的对外部环境变化的筛选、识别、反应能力，把一个题项拆成 3 项，从而更明确地说明管理者应该具备的机会感知能力，也使得问卷填写者更能明确题项含义。

为保证所有量表的一致性，本书通过前测来进行信度、效度检验，结果显示问卷并没有因为措辞、题项的删减造成信度、效度的降低，说明这种修改是没有问题的，从而保证研究的准确性。

4.2.5 控制变量——企业年龄、公司规模

控制变量是那些在研究中不作为研究重点，但会影响研究结果，并需要考虑的变量。企业规模是企业拥有的员工数量。有的学者认为公司规模会正向影响公司创新，作为大公司可以获得更多的资源（Zheng,

Zhang & Du，2011）。同时，对于新产品创新而言，一个公司可能有很多个专案，专案多的公司，在问卷填写过程中可以多填写；公司规模小、专案少的就可以少填写问卷，本书将企业规模看作控制变量从而避免企业规模对数据结果的影响。同样，公司成立时间是通过询问来衡量受访者公司成立的年限（Huang & Li，2009；Li，Lee，Li & Liu，2010），企业年限往往与创新反向相关（Hansen，1992；Huergo & Jaumandreu，2004）。因此，企业年限、公司规模都会影响新产品创新绩效，但不是研究的重点，所以都可以作为控制变量来进行数据分析。

4.3　统计分析方法

本书首先对有效问卷进行描述性统计分析，如以百分比、平均数、标准差等方法了解受测样本基本情况；对市场导向量表、技术机会量表、吸收能力量表、新产品创新绩效量表、机会感知量表进行信效度分析，量表皆以 Cronbach's α（标准值 >0.7）系数来衡量量表信度，以确定各测量工具的内部一致性。

效度检验可以分为内容效度和建构效度，来检验测量内容能否表达相应的构念。通过验证性因素分析（confirmatory factor analysis，CFA）进行收敛效度、区别效度检验，以确保各量表内容足以代表研究的概念。

为避免问卷的所有变量因来自同一群体受访者而产生共同方法变异问题，以 Harman 单因素检验法来验证（Harman，1967）。如果单一因素对所有变量能解释50%以上的变异量，则有严重的共同方法变异（Atuahene – Gima & Wei，2011；Podsakoff et al.，2003）。

相关分析用以探讨市场导向、技术机会、吸收能力、新产品创新绩效、机会感知间的关系。通过多层回归分析来验证市场导向、技术机会与新产品创新绩效间的关系，以及环境不确定性、机会感知对创新驱动、吸收能力的调节作用。

4.4 小样本收集和前测

为检验和修正初步形成的问卷，在正式调研收集数据前，通过初始发放问卷来进行小样本测试。根据基萨里、坎贝尔与泽达克（Ghiselli、Campbell & Zedeck，1981）的观点，预试样本数至少应有 30 人。因此，在正式问卷发放前，本书先对抽样母体随机抽取 40 人进行预测，对题项中模糊不清、语焉不详的词语加以修正，以改善问卷问题品质，确保问卷的完整、问项的清晰及问卷信度与效度的适当。

小样本数据主要是通过朋友或同事推荐，这些参与问卷填写的人是新产品开发部门的经理或从事新产品开发的人员，并在其所在企业发放初始问卷，现场填写后进行汇总。在前测中，共发放问卷 52 份，收回问卷 40 份，回收率为 77%，经初步检查剔除不完整、答案全部一样的无效问卷，最终确定有效问卷 33 份。小样本前测期间，对问卷格式、题项表述、可理解性等问题进行审核，并针对反馈意见对问卷进行再次修改，最后才确定准备发放的正式问卷。

信度分析用来测量所使用量表的可信性，要求对同一潜变量进行测量的题项具有稳定性和一致性，只有量表信度良好，才能进行正式问卷发放，量表的数据分析才可能是可靠的。本书主要使用 α 系数（Cronbach's α）进行检验，一般而言，量表的 α 系数值介于 0～1，值越大表示问卷测量题项的内在一致性越高，其可信度就越高，并且 α 系数的值应该大于 0.70（Nunnally & Bernstein，1994）。验证过程中所进行的信度分析如下所示。

（1）市场导向信度分析。根据信度系数值来检验市场导向量表测量题目的可信程度，本书中市场导向变量通过 8 个题项来测量，总信度系数值是 0.826，说明该量表题项符合研究要求的信度标准。具体信度分析结果如附录 I 表 8 所示。

（2）技术机会信度分析。根据信度系数值来检验技术机会量表测量题目的可信程度，本书中技术机会变量通过 5 个题项来测量，总信度系数值是 0.842，说明该量表题项符合研究要求的信度标准。具体信度分析结果如附录 I 表 8 所示。

（3）新产品创新绩效信度分析。根据信度系数值来检验新产品创新绩效的测量题目的可信程度，本书中新产品创新绩效变量通过 4 个题项来测量，总信度系数值是 0.858，该量表题项符合研究要求的信度标准。具体结果如附录 I 表 8 所示。

（4）吸收能力信度分析。根据信度系数值来检验吸收能力的测量题目的可信程度，本书中吸收能力变量通过 10 个题项来测量，总信度系数值是 0.940，说明该量表题项符合研究要求的信度标准。具体信度分析结果如附录 I 表 8 所示。

（5）市场动荡性信度分析。根据信度系数值来检验市场动荡性的测量题目的可信程度，本书中市场动荡性变量通过 5 个题项来测量，总信度系数值是 0.744，说明该量表题项符合研究要求的信度标准。具体信度分析结果如附录 I 表 8 所示。

（6）竞争强度信度分析。根据信度系数值来检验竞争强度的测量题目的可信程度，本书中竞争强度变量通过 5 个题项来测量，总信度系数值是 0.904，说明该量表的题项符合研究要求的信度标准。具体信度分析结果如附录 I 表 8 所示。

（7）机会感知信度分析。根据信度系数值来检验机会感知的测量题目的可信程度，本书中机会感知变量通过 6 个题项来测量，总信度系数值是 0.891，说明该量表的题项符合研究要求的信度标准。具体信度分析结果如附录 I 表 8 所示。

4.5 本章小结

本章首先说明了调查问卷的设计过程，对问卷的数据来源及问卷对象进行了说明，并对问卷抽样方式和问卷发放过程进行了阐述。其次，阐述了变量题项的设计情况，量表在英文翻译成中文时请相关学术领域的专家及新产品企业的经理对问题进行探讨，并通过小样本检测对题项表述不清及不适合中国情境的题项进行修改，从而使题项更符合中国情境。最后，通过小样本收集和前测，对问卷的有效性和可靠性进行了检验与调整，并形成了用于大规范调查的最终问卷。

第 5 章

创新驱动、吸收能力
和新产品创新绩效研究结果

数据分析是通过对实际观测得到的数据进行分析，从而发现变量特征、变化规律以及变量之间的相互关系，其结果可供人们检验研究假设或回答研究问题。本章首先说明使用的数理统计方法及数据检验的判别标准，对样本数据进行信度、效度检验。基于此，使用多层回归分析来对变量间关系进行验证。数据统计结果展示后，对数据分析结果与前面的理论及提出的假设进行比对分析和讨论。

5.1 样本描述统计

本节对企业样本数据特征进行总体描述，具体情况如下所述。

5.1.1 问卷发放及回收情况

基于第 4 章的问卷发放方式，从 2016 年 5 月至 2017 年 3 月共发放 650 份问卷，其中回收问卷 355 份，去掉无效的问卷，总共 335 份有效问卷。问卷的回收率和有效问卷回收率分别为 55% 和 52%。

在第一次抽样中，我们给受访者发出 270 份问卷，其中有 49 位无法联系，20 位受访者明确表示他们没时间参与，其中 10 位受邀者表示因为不能准确理解问题，没有资格参与问卷填写。经过两次提醒，共收到 151

份回复。在第二次抽样中，我们给受访者发出 330 份问卷，45 位无法联系；21 位因为信息距离时间较远，难以回忆，表示无法回应；34 位对调查不感兴趣拒绝参加。经过两次提醒，共获得 164 份回复。第三次发放问卷 50 份，收回 20 份。问卷回收率不高的主要原因包括答题者不能准确理解问题的内容或没有足够的时间填写；问题信息距离时间较远，答题者难以回忆；或答题者在主观意愿上不愿意回答，对问题有回避态度。

因此，本研究在进行企业调查的时候，一方面通过选择有朋友刚好所在的公司，使被选择的答题者在主观上都愿意积极配合问卷调查工作；另一方面选择的答题者都是对企业新产品开发流程比较了解的人员，他们参与了新产品的创意、研发、生产、销售等各个环节，从而保证答题者有足够的工作背景和相关专业知识来理解问卷题项，并能准确填答问卷。对不同的企业、不同的行业，在不同的时间进行问卷发放，问卷发放的方式尽量通过现场填写以便于指导，对于电子邮件往来填写，可以与被调查者保持联系，如果长时间没有反馈，可以通过邮件或电话提醒，以此来保证有效问卷的回收率。

5.1.2　样本企业年龄

在返回的有效问卷数据中，有 3 家企业建立时间在"3 年以下"，占样本的 1%；建立时间在"4~5 年"的企业 16 家，占 5%；建立时间在"6~10 年"的企业 92 家，占 27%；建立时间在"11~15 年"的企业 94 家，占 28%；建立时间在"16~20 年"的企业 60 家，占 18%；建立时间在"21~25 年"的企业 27 家，占 8%；建立时间在"25 年以上"的企业 43 家，占 13%。表 5-1 显示了有效样本中具体的企业年龄分布情况。

表 5-1　　　　　　　　　企业年龄分布

成立时间	数量（家）	占比（%）
3 年以下	3	1
4~5 年	16	5
6~10 年	92	27

续表

成立时间	数量（家）	占比（%）
11~15 年	94	28
16~20 年	60	18
21~25 年	27	8
25 年以上	43	13
总数	335	100

5.1.3 样本企业规模分布

根据前面学者的研究，企业规模一般根据企业人员数量来衡量。通过返回的有效问卷数据显示，有 8 家企业的员工数量在"50 人以下"，占 2%；有 40 家企业的员工数量为"51~100 人"，占 12%；有企业 69 家的员工数量为"101~200 人"，占 21%；有 81 家企业的员工数量为"201~500 人"，占 24%；企业员工数量为"501~1000 人"的有 72 家，占 22%；企业拥有员工数量达"1000 人以上"的比例占 19%。因此，样本分布很广泛，可以达到样本选择的基本要求。表 5-2 显示样本数据中具体企业规模分布。

表 5-2   企业规模分布

员工数量	数量（家）	占比（%）
50 人以下	8	2
51~100 人	40	12
101~200 人	69	21
201~500 人	81	24
501~1000 人	72	22
1000 人以上	65	19
总数	335	100

5.1.4 样本回应者描述

在返回的有效问卷数据中，关于问卷填写人的工作年限和工作职位占比及分布如表 5-3 所示。

表 5 – 3 问卷填写人情况

工作时间	人数（个）	占比（%）	工作职位	人数（个）	占比（%）
1~5 年	132	39.4	高层主管	192	57.3
6~10 年	148	44.2	中级主管	101	30.2
11~15 年	35	10.4	初级主管	38	11.3
16~20 年	12	3.6	基层主管	4	1.2
21~30 年	3	0.9			
30 年以上	5	1.5			
总数	335	100		335	100

5.2 信度和效度验证

可靠性和有效性分析是问卷分析的第一步，是验证问卷是否合格的标准之一。因此，在对整体问卷数据分析之前，应对问卷的可靠性和有效性进行检验，从而保证问卷设计的有效性。

5.2.1 变量的信度检验

信度是指数据的可靠性或者稳定性程度，即当使用同一测量工具对同一对象进行测量时，是否能得到一致性数据的可能程度。在分析数据之前，应确定待测量量表的可靠性，只有在变量可靠性强的情况下进行的数据分析才更可靠。

信度越高则表明系统变异的程度越低，而最常影响信度的来源主要来自抽样误差、测量误差及偏差。由于被测对象会因为一些干扰因素而对量表产生不同的理解和感受，通常在问卷设计时会采用一系列的问题进行测试，这些问题之间的一致性称为内部一致性，通常用 Cronbach's α 系数法来进行测量。Cronbach's α 系数越大，因子中测量题项间的相关性就越大，可靠性也就越高。大多数学者认为 α = 0.7 是相对合适的标准阈值（Nunally，1978），如果潜变量的 Cronbach's α 值大于 0.7，组合信度值大于 0.6，那说明量表具有良好的信度。

我们用相应软件来对收集的数据进行分析。包括市场导向、技术机会、吸收能力、环境不确定性、机会感知、新产品创新绩效在内的所有变量，其 Cronbach's α 值均大于 0.6。因此，本书中建立的概念模型中 7 个变量的可靠性是可以接受的。表 5 - 4 显示可靠性分析的总体情况。综上所述，量表的可靠性较高，一致性较好。

表 5 - 4　　　　　　　　　　　　量表可靠性分析

变量	指标	删掉该题项 Cronbach's α	Cronbach's α
市场导向	MO1	0.571	0.637
	MO2	0.587	
	MO3	0.609	
	MO4	0.599	
	MO5	0.600	
	MO6	0.559	
	MO7	0.572	
	MO8	0.656	
技术机会	TO1	0.672	0.702
	TO2	0.633	
	TO3	0.721	
	TO4	0.623	
	TO5	0.613	
吸收能力	ACAP 1	0.781	0.802
	ACAP 2	0.782	
	ACAP 3	0.787	
	ACAP 4	0.789	
	ACAP 5	0.786	
	ACAP 6	0.776	
	ACAP 7	0.781	
	ACAP 8	0.790	
	ACAP 9	0.792	
	ACAP 10	0.779	

续表

变量	指标	删掉该题项 Cronbach's α	Cronbach's α
新产品创新绩效	NPIP 1	0.598	0.664
	NPIP 2	0.562	
	NPIP 3	0.607	
	NPIP 4	0.617	
市场动荡性	MT 1	0.568	0.678
	MT 2	0.597	
	MT 3	0.677	
	MT 4	0.632	
	MT 5	0.649	
竞争强度	CI 1	0.608	0.649
	CI 2	0.607	
	CI 3	0.549	
	CI 4	0.605	
	CI 5	0.587	
机会感知	SM 1	0.675	0.715
	SM 2	0.698	
	SM 3	0.695	
	SM 4	0.668	
	SM 5	0.668	
	SM 6	0.649	

5.2.2 变量的效度检验

除了信度检验，还应对问卷进行效度检验，以了解潜变量的基本适配性、整体模型的适用性和内部模型的适用性。效度是指应用一定测量工具测量结果的准确性，即测量工具能否准确衡量研究者所要衡量的问题的程度，量表是否能准确检测出研究者所预测的效果。效度越高则代表测量结果越能代表目标测量对象的真正特征。效度测量分为内容效度、效标效度和建构效度。

内容效度是指量表本身所代表的概念意义，考察测量量表内容是否能包含所有的研究主题（Lawshe，1975）。如果测量内容包括所有的研究问题，量表就具备良好的内容效度，同时也表示由概念到测量指标的推演是有效和符合逻辑的。本书中用到的问卷题项均来自国外成熟量表，通过采用之前的研究者们发展的已验证过的衡量工具来提高本问卷的内容效度。此外，通过咨询相关专家，对问卷内容进行修改。这些措施目的都是为了确保问卷有良好的内容效度。

效标效度反映了测量结果与所要测量构念的外在效标的相关程度，两者相关度越高，则效标效度越高。本书中使用的问卷题项参考了已有的成熟量表及相关研究，通过定性检测和问卷预测试对量表的题项进行了评估，为问卷的效标效度提供科学依据，因此，本书中采用的问卷具有良好的效标效度。

建构效度是指对要衡量的内容与变量之间的吻合程度（Cronbach & Meehl，1955），用于描述量表中的题项内容是否能够真正衡量所要测量的变量，以及潜变量的基本拟合度、整体模型拟合度和模型内在结构拟合度情况，建构效度又包括收敛效度和区别效度。

收敛效度也称为聚合效度，是指测量潜变量的不同题项之间的相关程度（Campbell & Fiske，1959）。用于测量同一潜变量的题项是否具有相同的因子。此外，不同题项的观测值应该具有很高的相关性。测量时，将因子载荷与其标准差相对比，如果差距越明显，说明观测变量与其潜变量间的关系越显著（Koufteros，1999）。一般而言，题项的因子载荷最好达到 0.7 及其以上（Fornell & Larcker，1981），但是也有学者认为当因子载荷低于 0.4 或 0.5 时才需要将其从题项中剔除（Prescott & Hulland，1999）。路、赖与程（Lu，Lai & Cheng，2007）提出在测度模型对数据得到较为良好的拟合程度情况下，即使有个别指标的题项信度有所欠缺和偏低，如果这个指标对解释相关潜变量具有重要意义，那么仍然可以在模型中对该指标采取保留。收敛效度的测量一般取观测题项的平均萃取方差（average variance extracted，AVE）和组合信度（composite reliability，CR）表示。7 个变量的收敛效度详细如表 5-5 所示。

表 5 – 5 收敛效度分析

变量	指标	相关系数	AVE	CR
市场导向	MO1	0.569	0.283	0.735
	MO2	0.555		
	MO3	0.464		
	MO4	0.432		
	MO5	0.256		
	MO6	0.483		
	MO7	0.452		
	MO8	0.085		
技术机会	TO1	0.603	0.427	0.779
	TO2	0.707		
	TO3	0.309		
	TO4	0.590		
	TO5	0.610		
吸收能力	ACAP1	0.591	0.420	0.877
	ACAP2	0.587		
	ACAP3	0.522		
	ACAP4	0.509		
	ACAP5	0.528		
	ACAP6	0.607		
	ACAP7	0.559		
	ACAP8	0.479		
	ACAP9	0.430		
	ACAP10	0.546		
新产品创新绩效	NPIP1	0.636	0.466	0.773
	NPIP2	0.676		
	NPIP3	0.475		
	NPIP4	0.484		
市场动荡性	MT1	0.712	0.393	0.753
	MT2	0.674		
	MT3	0.353		
	MT4	0.519		
	MT5	0.466		

续表

变量	指标	相关系数	AVE	CR
竞争强度	CI1	0.589	0.350	0.720
	CI2	0.362		
	CI3	0.571		
	CI4	0.389		
	CI5	0.633		
机会感知	SM1	0.509	0.433	0.820
	SM2	0.542		
	SM3	0.536		
	SM4	0.524		
	SM5	0.541		
	SM6	0.610		

在进行区别效度检验时，通过变量间的相关系数矩阵来体现。如果所有相关系数的置信区间均不含有1.0，则表示所测量的各变量间有显著区别。当模型的指标与其潜变量的共同方差，比该潜变量与其他潜变量的共同方差更大时，表明测度模型有较好的区分效度（Koufteros，1999）。相关系数矩阵详如表5-6所示。

表5-6　　　　　　　　　相关系数矩阵

序号	MO	TO	SM	MT	CI	ACAP	NPIP	TIME	SCALE
1	1								
2	0.319**	1							
3	0.641**	0.492**	1						
4	0.278**	0.282**	0.284**	1					
5	0.375**	0.272**	0.388**	0.260**	1				
6	0.648**	0.470**	0.774**	0.302**	0.403**	1			
7	0.473**	0.400**	0.613**	0.229**	0.266**	0.634**	1		
均值	3.980	3.895	4.103	3.788	3.921	4.075	3.973	5.310	4.090
方差	0.406	0.560	0.478	0.556	0.528	0.452	0.536	18.098	1.374

注：（1）* $p < 0.05$，** $p < 0.01$，*** $p < 0.001$。（2）MO = 1，TO = 2，SM = 3，MT = 4，CI = 5，ACAP = 6，NPIP = 7。（3）MO：市场导向；TO：技术机会；SM：机会感知；MT：市场动荡性；CI：竞争强度；ACAP：吸收能力；NPIP：新产品创新绩效。（4）TIME：企业成立时间；SCALE：企业规模；Mean：均值；SD：标准差。（5）对角线上的值是 $\sqrt{AVE}$。

通过一系列卡方检验来判断一系列无约束模型是否明显优于约束模型（Anderson & Gerbing，1988）。如果所有组合产生更高的临界值（在5%显著性水平下 $\Delta\chi^2(1)=3.84$），表明每个量表具备可接受的区别效度（见表5-7）。

表5-7　　　　　　　　　　变量间的区别效度

序号	MO	TO	SM	MT	CI	ACAP	NPIP
1	0.532						
2	269.270	0.653					
3	272.66	204.724	0.658				
4	305.125	201.052	275.855	0.627			
5	266.701	199.826	207.132	192.030	0.591		
6	253.651	194.800	186.595	244.620	100.021	0.648	
7	252.713	171.861	232.726	211.870	221.580	186.192	0.658

注：（1）MO=1，TO=2，SM=3，MT=4，CI=5，ACAP=6，NPIP=7。（2）MO：市场导向；TO：技术机会；SM：机会感知；MT：市场动荡性；CI：竞争强度；ACAP：吸收能力；NPIP：新产品创新绩效。

本书中，验证性因子分析（CFA）用于检验测量变量和潜变量之间的关系，也被用来测试建构效度。CFA是有效性测试的有效措施。通过检查拟合优度指数（GFI）和比较拟合指数（CFI）统计量是否大于推荐的0.90以及近似均方根误差（RMSEA）是否为0.06来检测有效性（Atuahene-Gima & Wei，2011）。测量模型的整体拟合指标如下。

第一，χ^2/DF 统计量用于直接检验样本协方差矩阵与估计协方差矩阵之间的相似程度。其比值越小越好，理论预期值为1，在实际研究中其值可能接近2，一般来说，$\chi^2/DF \leqslant 2$ 表示模型拟合度良好（Hair，Ringle & Sarstedt，2011）。

第二，拟合指数的良好度，GFI应在0~1的范围内。这里，1表示完美的适配度，所以GFI值在0.9以上意味着有良好的适配度（Scott & Bruce，1994）。该项指标可以显示整体模型适配的程度，但也受到样本大小的影响。AGFI为调节拟合优度指标，一般要求大于0.8。

第三，比较拟合指数（CFI）一般需要大于0.9，范围处于0~1之间，值越大表示模型适配越好。本德、格鲁勒、森本与路（Bender，Gruhl，Morimoto & Lu，1996）的研究认为即使在小样本研究中，CFI 对模型适合度的估计表现仍然相当好。

第四，近似均方根误差（RMSEA），其值小于 0.05 时，表示模型适配性良好。其值 RMSEA 在 0.05 ~ 0.08 的范围内，属于不错的适配；其值 RMSEA 在 0.08 ~ 0.10 之间，适配度一般；如果 RMSEA 大于 0.10，表示适配度不好（Barrett，2007）。

第五，非标准拟合指数（TLI）大于 0.9 说明模型良好。表 5 - 8 显示了 CFA 检测结果。

表 5 - 8   CFA 检测

来 源	操作性定义	因子载荷	t 值
市场导向 （Ellis，2007） AVE = 0.283 CR = 0.735 α = 0.637	对于这项新产品或服务的描述，请于适当位置勾选您认为合适的同意程度。		
	● 公司以客户满意度为目标。	0.57	9.35
	● 我们了解客户对我们产品和服务的评价。	0.56	10.27
	● 我们的战略是为顾客创造更多价值。	0.46	10.19
	● 管理者经常拜访重要客户，了解客户未来的产品或服务需求。	0.43	9.16
	● 我们对竞争对手非常了解。	0.26	11.18
	● 如果竞争对手针对我们的客户展开密集行动，我们会立即作出反应。	0.48	12.44
	● 公司高层管理人员经常对竞争对手的优势与战略展开讨论。	0.45	14.26
	● 我们经常利用机会来打击竞争对手的弱点	0.76	9.16
技术机会 （Zahra，1996） AVE = 0.427 CR = 0.779 α = 0.702	对于这项新产品或服务的描述，请于适当位置勾选您认为合适的同意程度。		
	● 在我们行业里，产品或服务的创新机会很多。	0.60	16.24
	● 在我们行业里，新技术的创新机会很多。	0.71	16.78
	● 在我们行业中，研发投入比其他行业高。	0.31	13.24
	● 在我们行业里，经常会有重大技术突破机会。	0.59	11.22
	● 在我们行业里，技术变化迅速	0.61	11.10

续表

来 源	操作性定义	因子载荷	t 值
	对于这项新产品或服务的开发过程中，在下列陈述中指出您认为合适的同意程度。		
	• 在新产品开发过程中，我们能成功地学习新知识。	0.59	14.27
	• 我们能有效发展具有潜在影响力的新知识或新见解。	0.59	9.80
	• 我们能够识别与获取内部和外部知识。	0.52	15.41
吸收能力（Iyengar et al.，2015）AVE=0.420 CR=0.877 α=0.802	• 我们具有良好的流程或惯例来识别、评判和导入新信息与知识。	0.51	16.35
	• 我们有足够的流程或惯例对获得的信息和知识进行分析。	0.53	15.52
	• 我们有充分的流程或惯例来吸收新信息和知识。	0.61	19.32
	• 我们能将现有知识与获得的新信息和知识进行成功整合。	0.56	15.52
	• 我们能有效地将现有信息转换为新知识	0.48	8.97
	• 我们能成功地利用内部和外部信息与知识，并加以转化供我们使用。	0.43	7.96
	• 我们能有效利用知识用于新产品/服务	0.55	8.96
新产品创新绩效（Tsai and Yang，2013）AVE=0.466 CR=0.773 α=0.664	对于这项新产品或服务的描述，请于适当位置勾选您认为合适的同意程度。		
	• 这项新产品或服务达到既定的销售目标。	0.64	13.10
	• 这项新产品或服务达到公司预定的资产收益率目标。	0.68	12.37
	• 这项新产品或服务达到公司预定的市场份额目标。	0.48	15.41
	• 相对于我们的主要竞争对手，这项新产品或服务整体表现良好	0.48	16.01
市场动荡性（Jaworski and Kohli，1993）AVE=0.393 CR=0.753 α=0.678	对于公司所处的环境，根据下列陈述，请指出您认为合适的同意程度。		
	• 在我们的行业中，客户的产品偏好经常改变。	0.71	12.66
	• 我们的客户倾向于一直寻找新产品。	0.67	13.93
	• 我们的顾客有时候很在意价格，但在其他状况下又变得不在意价格。	0.35	10.66
	• 以前从未买过我们产品的顾客现在开始成为新顾客。	0.52	17.03
	• 新顾客与现有顾客的产品相关需求是不同的	0.47	14.60

续表

来　源	操作性定义	因子载荷	t 值
竞争强度 （Jaworski and Kohli，1993） AVE = 0.350 CR = 0.720 α = 0.649	对于公司所处的环境，根据下列陈述，请指出您认为合适的同意程度。		
	• 在我们行业中，竞争十分激烈。	0.59	13.36
	• 在我们行业中，有许多"促销大战"。	0.37	15.10
	• 同行提供的新服务/产品，其他竞争对手很快也能提供。	0.57	12.66
	• 价格竞争是我们行业的一个标志。	0.39	11.34
	• 竞争行动随处可见	0.63	10.44
机会感知 （Lin et al.，2016） AVE = 0.433 CR = 0.820 α = 0.715	对于这项新产品或服务的开发过程中，请在适当位置勾选您认为合适的同意程度。		
	• 我们公司领导的经验和知识丰富。	0.51	14.28
	• 公司领导通过多种途径接受外部环境变化信息。	0.54	13.36
	• 信息从下至上传递途径有很多。	0.54	15.10
	• 我们公司领导有能力筛选有用信息。	0.52	12.66
	• 我们公司领导有能力辨识新机会。	0.54	11.34
	• 我们公司领导有能力对环境变化作出回应	0.61	12.23

注：Model Fit Indices：$\chi^2 = 1647.64$，DF = 839，$\chi^2/DF = 1.964$，NFI = 0.65，CFI = 0.78，IFI = 0.79，RFI = 0.61，GFI = 0.76，AGFI = 0.73，RMSEA = 0.05，SRMR = 0.059。

综上所述，显示进行了验证性因子分析等操作后得到的分析结果，包括标准因子载荷 SFL、AVE、CR 和拟合指标。CFA 模型中显示了合理数据（如 $\chi^2 = 1647.64$，DF = 839，$\chi^2/DF = 1.964$，NFI = 0.65，CFI = 0.78，IFI = 0.79，RFI = 0.61，GFI = 0.76，AGFI = 0.73，RMSEA = 0.05，SRMR = 0.059）。这些指标表明该量表整体适配性良好。在概念模型中，7 个构念组合信度（CR）大于 0.7。根据上述说明，本书中使用的量表收敛效度良好。

5.3　研究假设结果

本书通过分析变量的可靠性及变量之间的相关性，初步确定变量之间存在显著关系。然而，仅仅根据变量之间的关系还不能准确确定数量。因此，需要进一步明确和验证变量之间的关系。在本书中，通过多层回归方法对中介变量和调节变量之间的影响进行分析，从而验证假设是否成立。

多层回归是通过两种或更多种回归模型的比较来进行分析的方法。根据不同模型解释变化量的差异来比较不同模型之间的差异。如果一个模型能解释许多变量，这意味着模型适配度较好；如果一个模型在其他类似的条件下能解释更多的变量，这意味着该模型比其他模型更适合。在层次回归中建立一系列模型，其后的模型应包含前面模型中不包含的变量，如果添加到后续模型中的变量对解释分数差异作出重要贡献，能显著提高区别系数，那意味着该模型比其他模型更好。后续研究中将介绍更多的中间变量和调节变量。

在本书中，采用多元回归分析法，构建涵盖自变量或解释变量（创新驱动，分市场导向和技术机会两个维度）、因变量或被解释变量（新产品创新绩效）、中介变量（吸收能力）、调节变量（机会感知、市场动荡性、竞争强度）、控制变量（企业年龄、企业规模）的多元回归方程，采用统计分析软件 SPSS 21.0，验证第 3 章提出的研究假设。

5.3.1 吸收能力对市场导向与新产品创新绩效的中介影响作用

在变量之间的因果关系中，中介变量发挥着重要作用，它对于变量之间的实质关系扮演着重要角色（卢谢峰等，2007）。中介变量是自变量对因变量产生实质性作用的内在原因（Baron & Kenny，1986）。如果自变量与因变量之间的关系因为某个变量的介入而发生变化，那么这个变量很有可能就是中介变量。如果自变量 X 对因变量 Y 的影响是通过变量 M 来实现的，那么 M 就是中介变量（温忠麟等，2004）。

在分析吸收能力对市场导向与新产品创新绩效的中介影响作用时，将采用三步回归过程来检验吸收能力的中介作用（Baron & Kenny，

1986），同时将建立三个回归模型。模型1中，企业年龄、企业规模两个控制变量，加上市场导向构成自变量，因变量是新产品创新绩效，探讨控制变量和市场导向对新产品创新绩效影响。模型2中，自变量是企业年龄、企业规模两个控制变量，加上市场导向，因变量是吸收能力，旨在研究这些控制变量和市场导向对吸收能力的影响。模型3是在模型1的基础上增加吸收能力，即包括所有控制变量、市场导向、吸收能力的全模型。表5-9是吸收能力对市场导向与新产品创新绩效的中介回归分析。

表5-9　吸收能力对市场导向与新产品创新绩效的中介回归效果分析

变量	标准 吸收能力 模型2		标准 新产品创新绩效 模型1		模型3	
	β	t value	β	t value	β	t value
TIME	-0.034	-2.24*	0.000	-0.020	0.022	1.231
SCALE	0.036	2.28*	-0.001	-0.033	-0.025	-1.314
MO	0.718	15.50***	0.624	9.739***	0.135	1.837*
ACAP					0.682	10.283***
F value	83.596***		31.861***		57.882***	
R²	0.431		0.224		0.412	
ΔR²					0.188	
F change					105.708***	

注：（1）*p<0.05，**p<0.01，***p<0.001。（2）本书对控制变量采用双尾检测，对假设采用单尾检测。（3）MO：市场导向；TO：技术机会；SM：机会感知；MT：市场动荡性；CI：竞争强度；ACAP：吸收能力；NPIP：新产品创新绩效；TIME：企业年龄；SCALE：企业规模。

在模型1中，应用回归分析检测市场导向对新产品创新绩效的直接影响。结果显示，市场导向对新产品创新绩效有显著积极影响（β=0.624，p<0.001）。此外，模型2提出市场导向对吸收能力有积极影响（β=0.718，p<0.001）。最后，当吸收能力加入模型3中，它对新产品创新绩效显示出积极和显著影响（β=0.682，p<0.001）。

从分析结果中还可以看出，随着吸收能力的加入，降低市场导向对新产品创新绩效的影响（从0.624降到0.135），但仍显著，表明是部分中介。说明市场导向对新产品创新绩效的影响过程，一方面是两者之间有直接关系；另一方面是市场导向对新产品创新绩效的影响中，还有部分经过吸收能力，通过吸收能力把收集到的市场信息进行知识的转化，运用到新产品开发中，进而提高新产品创新绩效。我们进一步基于 Sobel 中介检验进行验证性测试，发现市场导向通过吸收能力对新产品创新绩效具有积极的作用，间接影响作用是 0.49（0.718×0.682，$t = 4.52$，$p < 0.01$）（Hayes，2013；Sobel，1982）。因此，H1 成立。

5.3.2 吸收能力对技术机会与新产品创新绩效的中介影响作用

本书在分析吸收能力对技术机会与新产品创新绩效的中介影响作用时，将采用三步回归过程来检验吸收能力的中介作用（Baron & Kenny，1986），同时将建立三个回归模型。模型 1 中，自变量是企业年龄、企业规模两个控制变量，加上技术机会，因变量是新产品创新绩效，旨在研究这些控制变量和技术机会对新产品创新绩效的影响。模型 2 中，自变量是企业年龄、企业规模两个控制变量，加上技术机会，因变量是吸收能力，旨在研究这些控制变量和技术机会对吸收能力的影响。模型 3 是在模型 1 的基础上自变量增加吸收能力，即包括所有控制变量、技术机会、吸收能力的全模型。表 5-10 呈现吸收能力对技术机会与新产品创新绩效的中介回归分析结果。

表 5-10　　吸收能力对技术机会与新产品创新绩效的中介回归效果分析

变量	标准 吸收能力 模型 2		标准 新产品创新绩效			
			模型 1		模型 3	
	β	t value	β	t value	β	t value
TIME	-0.008	-0.480	0.030	1.139	0.030	1.688
SCALE	0.021	1.108	-0.018	-0.847	-0.034	-1.754
TO	0.371	9.363 ***	0.390	7.998 ***	0.136	2.983 *

续表

变量	标准		标准			
	吸收能力		新产品创新绩效			
	模型2		模型1		模型3	
	β	t value	β	t value	β	t value
ACAP					0.684	12.147 ***
F value	31.798 ***		21.551 ***		60.207 ***	
R²	0.224		0.163		0.422	
ΔR²					0.259	
F change					147.550	

注：（1）＊p＜0.05，＊＊p＜0.01，＊＊＊p＜0.001。（2）本书对控制变量采用双尾检测，对假设采用单尾检测。（3）MO：市场导向；TO：技术机会；SM：机会感知；MT：市场动荡性；CI：竞争强度；ACAP：吸收能力；NPIP：新产品创新绩效；TIME：企业年龄；SCALE：企业规模。

在模型1中，通过回归分析测试技术机会对新产品创新绩效的直接影响。结果显示，技术机会对新产品创新绩效有显著积极影响（β＝0.390，p＜0.001）。此外，模型2提出技术机会对吸收能力有积极影响（β＝0.371，p＜0.001）。最后，当吸收能力加入模型3，它对新产品创新绩效显示出积极和显著影响（β＝0.684，p＜0.001）。

从分析结果中还可以看出，随着吸收能力的加入，技术机会对新产品创新绩效的影响能力降低了（从0.390降到0.136），但仍显著，表明是部分中介。说明技术机会对新产品创新绩效的影响过程中，一方面是两者之间有直接关系；另一方面是技术机会对新产品创新绩效的影响中，还有部分经过吸收能力，通过吸收能力把收集到的技术知识信息进行知识转化，并运用到新产品开发中，进而提高新产品创新绩效。我们进一步基于Sobel中介流程进行验证性测试，发现技术机会通过吸收能力对新产品创新绩效产生积极的作用，间接的影响作用是0.25（0.371×0.684，其中t＝4.52、p＜0.01）（Hayes，2013；Sobel，1982）。因此，H2成立。

5.3.3　市场动荡性对市场导向与吸收能力的调节影响

在变量之间的因果关系中，调节变量会影响自变量和因变量之间的关系。如果自变量与因变量之间的关系因为某个变量的介入而发生正或负、强或弱的变化，那这个变量很有可能就是调节变量。如果自变量 X 与因变量 Y 的关系受到第三个变量 U 的作用，此时就 U 是调节变量，影响 X 和 Y 之间关系的方向（正或负）和强弱（温忠麟等，2004）。

在分析市场动荡性对市场导向和吸收能力的调节效应时，应用巴伦与肯尼（Baron & Kenny，1986）的研究方法来验证回归过程。本书中依据调节假设建立的系列模型包括：模型 1 由企业年龄、企业规模两个控制变量构成，模型 2 在模型 1 的基础上加上自变量市场导向、调节变量市场动荡性构成，模型 3 是在模型 2 的基础上加上市场导向和市场动荡性两个变量的乘积项。表 5 – 11 是市场动荡性作为调节变量的回归结果。

表 5 –11　　　　　市场动荡性对市场导向与吸收能力的调节效果分析

变量	模型 1		模型 2		模型 3		VIF
	β	t value	β	t value	β	t value	
TIME	− 0. 02	− 1. 36	− 0. 031	− 2. 14	− 0. 030	− 2. 121	1. 347
SCALE	0. 051	2. 47 *	0. 043	2. 28	0. 033	2. 137	1. 360
MO			0. 672	14. 22 **	0. 632	12. 772 **	1. 212
MT			0. 110	3. 04 **	0. 131	3. 591 **	1. 121
MO_X_MT					− 0. 272	− 3. 147 **	1. 123
F value	3. 061		66. 577 ****		56. 683		
R²	0. 018		0. 440		0. 455		
ΔR²			0. 422		0. 015		
F change			127. 76 ***		9. 914		

注：（1）＊p < 0.05，＊＊p < 0.01，＊＊＊p < 0.001。（2）本书对控制变量采用双尾检测，对假设采用单尾检测。（3）MO：市场导向；TO：技术机会；SM：机会感知；MT：市场动荡性；CI：竞争强度；ACAP：吸收能力；NPIP：新产品创新绩效；TIME：企业年龄；SCALE：企业规模。

表 5 – 11 中 VIF 的所有系数的估计都低于 10（Mason & Perreault，1991），表明各变量去中心化没有对运行结果产生影响。模型 1 表明，在吸收能力的解释中，控制变量能解释方差的 1.8%。模型 2 表明，在添加自变量（市场导向）和调节变量（市场动荡性）之后，R^2 增加 42.2%（△F = 127.76，p < 0.001），正如我们前面所提到的，市场导向对吸收能

力具有重要和积极的影响（β＝0.672，p＜0.001）。

模型 2 中显示市场动荡性对吸收能力具有重要和积极的影响（β＝0.110，p＜0.01），这意味着市场动荡性越强，企业获取的有关消费者和竞争者的信息越多，越有利于企业对知识的吸收。

在模型 3 中，为调节市场导向与吸收能力之间的影响效果，我们添加市场导向和市场动荡性两个交互项的回归方程，R^2 增加 1.5%（△F＝9.914，p＞0.05）。单尾测试常用于验证假设方向的预测，市场导向和市场动荡性对吸收能力的影响关系显著（β＝－0.272，t＝－3.147，p＜0.01）。在市场动荡性越强时，市场导向与吸收能力之间的关系被削弱（β＝0.48，t＝5.66，p＜0.01）；而在市场动荡性较低时，市场导向与吸收能力之间关系有积极的正向关系（β＝0.78，t＝9.22，p＜0.01）。这个结果表明，市场动荡性越强时，相对于市场动荡性弱时，市场导向与吸收能力之间的影响关系强，H3 不成立。

5.3.4　市场动荡性对技术机会和吸收能力的调节影响

在分析市场动荡性对技术机会和吸收能力的调节效应时，应用巴伦与肯尼（1986）的研究方法来验证回归过程。本书中依据调节变量假设建立的系列模型包括：模型 1 由企业年龄、企业规模两个控制变量构成，模型 2 是在模型 1 的基础上加上自变量技术机会、调节变量市场动荡性构成，模型 3 是在模型 2 的基础上加上技术机会和市场动荡性两个变量的乘积项。表 5－12 是市场动荡性作为调节变量的回归结果。

表 5－12　　市场动荡性对技术机会和吸收能力的调节效果分析

变量	模型 1		模型 2		模型 3		VIF
	β	t value	β	t value	β	t value	
TIME	－ 0.027	－ 1.356	－ 0.009	－ 0.497	－ 0.009	－ 0.504	1.363
SCALE	0.051	2.471 *	0.023	1.223	0.023	1.244	1.390
TO			0.328	8.103 ***	0.327	8.066 *	1.122
MT			0.151	3.757 ***	0.163	3.924 *	1.170

续表

变量	模型 1		模型 2		模型 3		VIF
	β	t value	β	t value	β	t value	
TO_X_MT					0.081	1.130	1.079
F value	3.061*		28.322		22.932***		
R²	0.018		0.247		0.247		
ΔR²			0.229		0.000		
F change			52.631***		1.278		

注：（1）＊p＜0.05，＊＊p＜0.01，＊＊＊p＜0.001。（2）本书对控制变量采用双尾检测，对假设采用单尾检测。（3）MO：市场导向；TO：技术机会；SM：机会感知；MT：市场动荡性；CI：竞争强度；ACAP：吸收能力；NPIP：新产品创新绩效；TIME：企业年龄；SCALE：企业规模。

表 5 – 12 中 VIF 的所有系数的估计都低于 10（Mason & Perreault，1991），表明各变量去中心化没有对运行结果产生影响。模型 1 表明，在吸收能力的解释中，控制变量能解释方差的 1.8%。模型 2 表明，在添加自变量（技术机会）和调节变量（市场动荡性）之后，R^2 增加 22.9%（$\triangle F = 52.631$，$p < 0.001$），技术机会对吸收能力具有重要和积极的影响（$\beta = 0.328$，$p < 0.001$）。

模型 2 中显示市场动荡性对吸收能力具有重要和积极的影响（$\beta = 0.151$，$p < 0.001$），意味着企业对市场动荡性增加重视程度，利于提高企业的吸收能力。

在模型 3 中，为调节技术机会与吸收能力之间的影响效果，我们添加技术机会与市场动荡性两个交互项的回归方程，R^2 增加 0.0%（$\triangle F = 1.278$，$p > 0.05$）。技术机会与市场动荡性对吸收能力的影响不显著（$\beta = 0.081$，$p > 0.05$）。表明技术机会对吸收能力的关系不受市场动荡性的影响，H4 不成立。

5.3.5　竞争强度对市场导向和吸收能力的调节影响

本书中依据调节假设建立的系列模型包括：模型 1 由企业年龄、企业规模两个控制变量构成，模型 2 是在模型 1 的基础上加上自变量市场导向、调节变量竞争强度构成，模型 3 是在模型 2 的基础上加上市场导向和竞争强度两个变量的乘积项。表 5 - 13 是竞争强度作为调节变量的回归结果。

表 5 - 13　　　　　　　竞争强度对市场导向和吸收能力的调节效果分析

变量	模型 1		模型 2		模型 3		VIF
	β	t value	β	t value	β	t value	
TIME	− 0. 027	− 1. 356	− 0. 030	− 2. 029	− 0. 027	− 1. 846	1. 366
SCALE	0. 051	2. 471 *	0. 028	1. 798	0. 023	1. 432	1. 421
MO			0. 645	13. 247 ***	0. 612	11. 836 ***	1. 326
CI			0. 151	4. 008 ***	0. 156	4. 145 ***	1. 188
MO_X_CI					− 0. 138	− 1. 881 *	1. 180
F value	3. 061		69. 565 ***		56. 789		
R^2	0. 018		0. 457		0. 463		
ΔR^2			0. 439		0. 006		
F change			16. 062 ***		3. 540		

注：（1）＊p＜0.05，＊＊p＜0.01，＊＊＊p＜0.001。（2）本书对控制变量采用双尾检测，对假设采用单尾检测。（3）MO：市场导向；TO：技术机会；SM：机会感知；MT：市场动荡性；CI：竞争强度；ACAP：吸收能力；NPIP：新产品创新绩效；TIME：企业年龄；SCALE：企业规模。

表 5 - 13 中 VIF 的所有系数的估计都低于 10（Mason & Perreault，1991），表明各变量去中心化没有对运行结果产生影响。模型 1 表明，在吸收能力的解释中，控制变量能解释方差的 1.8%。模型 2 表明，在添加自变量（市场导向）和调节变量（竞争强度）之后，R^2 增加 43.9%（△F = 16. 062，p＜0.001），正如我们前面所提到的，市场导向对吸收能力具有重要和积极的影响（β = 0.645，p＜0.001）。

模型 2 中显示竞争强度对吸收能力具有重要和积极的影响（β = 0. 151，p＜0.001），这意味着外部环境越动荡，行业内的竞争强度越强，越能够提高企业对知识的吸收能力。

在模型 3 中，为调节市场导向与吸收能力之间的影响效果，我们添加市场导向和竞争强度两个交互项的回归方程，R^2 增加 0.6%（△F = 3. 54，p＞0.05）。单尾测试常用于验证假设方向的预测，市场导向和竞争强度对吸收能力的影响关系显著（$\beta = -0.138$，$t = -1.881$，$p < 0.01$）。在竞争强度越强时，市场导向与吸收能力之间的关系被削弱（$\beta = 0.54$，$t = 8.13$，$p < 0.05$），而在竞争强度较低时，市场导向与吸收能力之间是有积极的正向关系的（$\beta = 0.69$，$t = 10.57$，$p < 0.05$）。这个结果表明，竞争强度越强时，相对于竞争强度弱时，市场导向与吸收能力之间的影响关系变弱。因此，H5 不成立，是负向调节。

5.3.6 竞争强度对技术机会和吸收能力的调节效应

本书中依据调节假设建立的系列模型包括：模型 1 由企业年龄、企业规模两个控制变量构成，模型 2 是在模型 1 的基础上加上自变量技术机会、调节变量竞争强度构成，模型 3 是在模型 2 的基础上加上技术机会和竞争强度两个变量的乘积项。表 5 – 14 是竞争强度作为调节变量的回归结果。

表 5 – 14　　　　　竞争强度对技术机会和吸收能力的调节效果分析

变量	模型 1		模型 2		模型 3		VIF
	β	t value	β	t value	β	t value	
TIME	-0.027	-1.356	-0.006	-0.381	-0.006	-0.338	1.365
SCALE	0.051	2.471*	0.010	0.553	0.010	0.537	1.402
TO			0.311	7.980***	0.317	8.122***	1.114
CI			0.252	6.144***	0.232	5.439***	1.188
TO_X_CI					-0.104	-1.634	1.090
F value	3.061*		35.935		29.427***		
R^2	0.018		0.303		0.309		
ΔR^2			0.285		0.006		
F change			37.753***		2.670		

注：（1）*$p < 0.05$，**$p < 0.01$，***$p < 0.001$。（2）本书中变量采用双尾检测，对假设采用单尾检测。（3）MO：市场导向；TO：技术机会；SM：机会感知；MT：市场动荡性；CI：竞争强度；ACAP：吸收能力；NPIP：新产品创新绩效；TIME：企业年龄；SCALE：企业规模。

表 5 – 14 中 VIF 的所有系数的估计都低于 10（Mason & Perreault，

1991），表明各变量去中心化没有对运行结果产生影响。模型 1 表明，在吸收能力的解释中，控制变量能解释方差的 1.8%。模型 2 表明，在添加自变量（技术机会）和调节变量（竞争强度）之后，R^2 增加 28.5%（$\triangle F = 37.753$，$p < 0.001$），正如我们前面所提到的，技术机会对吸收能力具有重要和积极的影响（$\beta = 0.311$，$p < 0.001$）。

模型 2 中显示竞争强度对吸收能力具有重要和积极的影响（$\beta = 0.252$，$p < 0.001$），这意味着外部环境越动荡、行业内的竞争强度越强，就越能够促进企业对知识的吸收。

在模型 3 中，为检测调节变量对技术机会与吸收能力之间的影响效果，我们添加技术机会和竞争强度两个交互项的回归方程，R^2 增加 0.6%（$\triangle F = 2.67$，$p > 0.05$）。技术机会和竞争强度对吸收能力的影响不显著（$\beta = -0.104$，$p > 0.05$）。表明技术机会对吸收能力的关系不受竞争强度的影响，H6 不成立。

5.3.7 机会感知对市场导向和吸收能力的调节效应

本书中依据调节假设建立的系列模型包括：模型 1 由企业年龄、企业规模两个控制变量构成，模型 2 是在模型 1 的基础上加上自变量市场导向、调节变量机会感知构成，模型 3 是在模型 2 的基础上加上市场导向和机会感知两个变量的乘积项。表 5 – 15 是机会感知作为调节变量的回归结果。

表 5 – 15　　　　　　　机会感知对市场导向和吸收能力的调节效果分析

变量	模型 1		模型 2		模型 3		VIF
	β	t value	β	t value	β	t value	
TIME	− 0.027	− 1.356	− 0.012	− 0.967	− 0.012	− 0.961	1.372
SCALE	0.051	2.471 *	0.017	1.315	0.016	1.293	1.375
MO			0.289	5.996 ***	0.288	5.953 ***	1.730
SM			0.569	13.871 ***	0.566	13.125 ***	1.909

续表

变量	模型 1		模型 2		模型 3		VIF
	β	t value	β	t value	β	t value	
MO_X_SM					-0.015	-3.15*	1.255
F value	3.061*		147.053***		117.314***		
R^2	0.018		0.641		0.641		
ΔR^2			0.623		0.000		
F change			192.404***		0.051		

注：(1) $*p<0.05$，$**p<0.01$，$***p<0.001$。(2) 本书对控制变量采用双尾检测，对假设采用单尾检测。(3) MO：市场导向；TO：技术机会；SM：机会感知；MT：市场动荡性；CI：竞争强度；ACAP：吸收能力；NPIP：新产品创新绩效；TIME：企业年龄；SCALE：企业规模。

表 5-15 中 VIF 的所有系数的估计都低于 10（Mason & Perreault，1991），表明各变量去中心化没有对运行结果产生影响。模型 1 表明，在吸收能力的解释中，控制变量能解释方差的 1.8%。模型 2 表明，在添加自变量（市场导向）和调节变量（机会感知）之后，R^2 增加 62.3%（$\triangle F=192.404$，$p<0.001$），正如我们前面所提到的，市场导向对吸收能力具有重要和积极的影响（$\beta=0.289$，$p<0.001$）。

模型 2 中显示机会感知对吸收能力具有重要和积极的影响（$\beta=0.569$，$p<0.001$），这意味着企业对外界环境的感知能力越强，越能够提高企业对外部知识的吸收能力。

在模型 3 中，为检测调节变量对市场导向与吸收能力之间的影响效果，我们添加市场导向和机会感知两个交互项的回归方程，R^2 增加 0（$\triangle F=0.051$，$p>0.05$）。单尾测试常用于验证假设方向的预测，市场导向和机会感知对吸收能力的影响关系显著（$\beta=-0.015$，$t=-3.15$，$p<0.01$）。在机会感知越强时，市场导向与吸收能力之间的关系被削弱（$\beta=0.33$，$t=4.39$，$p<0.01$），而在机会感知较低时，市场导向与吸收能力之间是有积极的正向关系（$\beta=0.25$，$t=3.23$，$p<0.01$）。这个结果表明，机会感知越强时，相对于机会感知弱时，市场导向与吸收能力之间的影响关系强，H7 不成立。

5.3.8　机会感知对技术机会和吸收能力的调节效应

本书中依据调节假设建立的系列模型包括：模型 1 由企业年龄、企业规模两个控制变量构成，模型 2 是在模型 1 的基础上加上自变量技术机会、调节变量机会感知构成，模型 3 是在模型 2 的基础上加上技术机会和机会感知两个变量的乘积项。表 5 - 16 是机会感知作为调节变量的回归结果。

表 5 - 16　　　　　　　机会感知对市场导向和吸收能力的调节效果分析

变量	模型 1		模型 2		模型 3		VIF
	β	t value	β	t value	β	t value	
TIME	- 0.027	- 1.356	- 0.001	- 0.084	- 0.001	- 0.071	1.367
SCALE	0.051	2.471 *	0.010	0.747	0.010	0.743	1.391
TO			0.091	2.847 **	0.090	2.783 **	1.364
SM			0.676	18.126 ***	0.681	17.066 ***	1.507
TO_X_SM					0.017	0.310	1.145
F value	3.061 *		129.586 ***		103.40		
R²	0.018		0.611		0.611		
ΔR²			0.593		0.000		
F change			328.551 ***		0.096		

注：（1）＊p＜0.05，＊＊p＜0.01，＊＊＊p＜0.001。（2）本书对控制变量采用双尾检测，对假设采用单尾检测。（3）MO：市场导向；TO：技术机会；SM：机会感知；MT：市场动荡性；CI：竞争强度；ACAP：吸收能力；NPIP：新产品创新绩效；TIME：企业年龄；SCALE：企业规模。

表 5 - 16 中 VIF 的所有系数的估计都低于 10（Mason & Perreault，1991），表明各变量去中心化没有对运行结果产生影响。模型 1 表明，在吸收能力的解释中，控制变量能解释方差的 1.8%。模型 2 表明，在添加自变量（技术机会）和调节变量（机会感知）之后，R^2 增加 59.3%（$\triangle F = 328.551$，$p < 0.001$），正如我们前面所提到的，技术机会对吸收能力具有重要和积极的影响（$\beta = 0.09$，$p < 0.05$）。

模型 2 中还显示机会感知对吸收能力具有重要和积极的影响（$\beta = 0.676$，$p < 0.001$），说明企业对外界环境感知能力越强，越有利于提高对外部知识的吸收。

在模型 3 中，为调节技术机会与吸收能力之间的影响效果，我们添加技术机会和机会感知两个交互项的回归方程，R^2 增加 0（$\triangle F = 0.096$，$p > 0.05$）。技术机会和机会感知对吸收能力的影响不显著（$\beta = 0.017$，$p > 0.05$）。表明技术机会对吸收能力的关系不受机会感知的影响，H8 不成立。

5.3.9　假设检验汇总

假设检验汇总如表 5 - 17 所示。

表 5 - 17　　　　　　　　　　假设检验汇总

序号	假设描述	结果
H1	吸收能力对市场导向与新产品创新绩效的关系起中介作用	成立
H2	吸收能力对技术机会与新产品创新绩效的关系起中介作用	成立
H3	市场动荡性对市场导向与吸收能力的关系起到正向的调节效应	不成立
H4	市场动荡性对技术机会和吸收能力的关系起到正向的调节效应	不成立
H5	竞争强度对市场导向和吸收能力的关系起到正向的调节效应	不成立
H6	竞争强度对技术机会和吸收能力的关系起到正向的调节效应	不成立
H7	机会感知对市场导向和吸收能力的关系起到正向的调节效应	不成立
H8	机会感知对技术机会和吸收能力的关系起到正向的调节效应	不成立

通过前面章节的分析和论述，本书分析、验证了创新驱动、吸收能力与新产品创新绩效间的关系机理。在第 6 章中，通过对数据分析结果的探讨，阐明部分假设不成立的原因，进一步明确理论贡献和管理实践意义。最后，通过对现有研究的局限和不足的探讨对未来研究提出方向。

5.4　本章小结

本章首先进行了样本描述性统计分析；其次通过对量表的验证性因子分析验证了量表的信度和效度，结果表明各变量的测量量表信度和效度均良好；最后运用结构方程模型对本书的理论假设进行了检验。

第 6 章

研究结论与研究展望

学者们认为，在市场导向和技术机会驱动下，企业能较好地提高创新绩效（Lewandowska，2015）；但回顾研究文献也发现，研究较少从吸收能力视角去探讨企业如何从繁杂的技术或产品信息中去筛选有用的信息，并通过同化、吸收进而转化为有价值的知识，最后应用知识去有效地提高创新绩效。因此，本书的写作目的是验证从创新驱动到新产品创新绩效必须通过吸收能力来完成，即吸收能力在创新驱动和新产品创新绩效之间扮演的中介角色；同时，本书还进一步考查环境的不确定性（市场动荡性、竞争强度）、机会感知对创新驱动与吸收能力的调节作用。前面章节报告的统计分析结果，值得我们进一步对呈现的有趣结果进行讨论。

6.1 研究结论

本节基于前面章节的分析，对提出的研究假设通过数据验证后得出结论，主要从以下几个方面体现。

6.1.1 吸收能力的中介作用

吸收能力已被公认为是企业动态能力的重要组成部分，因为它推动企业能够向合作伙伴学习，访问外部信息，并将有价值的信息转换并整合到现有信息知识库中（Wang & Ahmed，2007）。吸收能力在定位、吸收和应用新知识方面有着优势，反过来也促进企业内部创新活动的开展

（Fosfuri & Tribó，2008）。

拥有较高市场导向型的企业，掌握更多的资源，如拥有更多的客户和竞争对手的信息及市场的发展走向，并能在企业内部将这些信息进行传播、应用并转化成有用的知识，从而成为企业开展新产品创新的重要来源（Grant，1996）。因此，企业必须积极洞察顾客和消费者的需求变化，主动迎合顾客不断变化的偏好，进而培养公司所缺少的能力并及时发现将要出现的市场机会，为顾客创造价值，通过推出新产品或新服务来促进企业新产品创新绩效的提高。

但从获得用户需求到形成新产品创新绩效，这个过程不是一蹴而就的。拥有较高市场导向的企业会促使企业及员工培养对外部市场知识的获取、消化、吸收、应用能力。企业将获得的外部新知识与已有知识相互作用，成为创新绩效取得的一项重要因素（Cohen & Levinthal，1990）。而企业越具备较高的吸收能力，就越有能力掌握外部信息及适应外部环境，并加以吸收来创造出对企业有价值的绩效（Ahimbisibwe et al.，2016；Lewandowska，2015）。与此同时，本书研究也显示技术机会对新产品创新绩效有显著的积极影响，当技术选择越多时，企业就越有更多的机会通过技术创新获取竞争优势。新技术的出现就为产品创新打开了大门；同时，这些技术信息会促使企业通过各种方式来对新的技术进行消化吸收，并通过增加企业研发投入（增加新设备、引进新技术）或组织学习（掌握新技能）来培养企业的能力，进而去开发新产品或新服务从而创造创新效益，这一结果也与之前的研究一致，并支持先前的研究（Lichtenthaler，2016）。

因此，企业在创新驱动因子的推动下，即在市场导向和技术机会的推动下，可以将获得的顾客信息、竞争对手信息及技术信息经过获取、同化、转化、应用，形成企业独特的能力，从而促进企业新产品创新绩效的提高。

6.1.2　环境不确定性的调节作用

市场动荡环境下，消费者多变的用户偏好使得企业需要经常提供新产品或新服务以满足消费者的变化，这与前面的研究相一致（Kohli & Ja-worski，1990）。市场导向对吸收能力具有重要和积极的影响，具有较高市场导向的企业将获取的消费者、竞争对手的丰富市场知识进行消化、吸收，并对知识进行有效利用，生产出满足消费者不同需求的产品和服务（Hult et al.，2004）。市场动荡性对吸收能力具有重要和积极的影响，这意味着顾客或消费者的需求变化越强，企业获取的有关消费者和竞争者的信息越多，越有利于企业对知识的吸收。

同时，技术机会对吸收能力具有重要和积极的影响，当技术选择越多时，企业有更多的机会通过技术创新来获取竞争优势，这些技术信息会促使企业培养吸收能力的动机。同时，市场动荡性也对吸收能力具有重要和积极的影响，这意味着消费者需求广泛，不断寻求新的产品或服务，不断改变消费偏好，企业察觉到消费者的变化，有利于企业吸收能力的培养。

与此同时，市场越动荡，顾客偏好经常改变，拥有越多的技术机会，企业越能够对行业发展趋势做出预测，从而抓住机会，促使企业对相关技术信息进行筛选、消化，从而转化成有用的知识，培养企业的技术优势。

在竞争强度的调节效果上，市场导向对吸收能力具有重要和积极的影响。随着市场速度的增加，企业相对于竞争对手，对于用户的需求需要更快的响应能力、更高的反应速度、更高的营销投入及更快的替代产品或服务的出现。在动荡的市场环境下，竞争更加激烈，企业必须要比竞争对手更快地回应市场的微妙变化（Lee & Katzorke，2010；Luo，2001）。与此同时，技术机会、竞争强度对吸收能力具有重要和积极的影响。在竞争强度高的市场环境中，顾客面对更多的选择，对企业提出更高的要求，企业需要更加关注顾客，考虑顾客的需求，企业应该把传达的信息进行消化、吸收、应用，并转换为创新行动，生产出满足顾客偏好和需求的产品，从而取得创新绩效。但技术机会和竞争强度对吸收能力的影响不显著。表明技术机会对吸收能力的关系不受竞争强度影响，与我们前面的想法不一致。

6.1.3 机会感知的调节作用

具有较高感知能力的企业，在面临诸多的市场信息时，能够更好地区别有用信息及筛选有利机会，就能够较好地抓住先机，占有市场优势，从而为公司及员工提供未来发展的方向。同时，机会感知对吸收能力具有重要和积极的影响。具有较高的感知能力的企业，也有能力判断哪些是有用的信息，并促使企业去消化有用信息并形成公司独特的知识，从而满足顾客的需求；而企业机会感知能力较低时，企业在拥有越多市场导向时，企业也会获取信息，但企业对获得的信息不敏感，无法感知潜在的机会，或企业成员因为信息过多，不能对获得的信息进行充分的同化和应用，也不能更好地转化为新产品绩效。

与此同时，在机会感知对技术机会和吸收能力的调节关系中，技术机会对吸收能力具有重要和积极的影响。频繁的技术变化，为客户需求或竞争对手的反应创造了市场空白（Dean & Mcmullen，2007），这就给敏感度高的公司即具备较高的机会感知能力的公司提供了战略性应对机会（Child，1997；Shane & Venkataraman，2000）。同时，对于企业而言，对技术的感知能力很重要，企业将技术、市场和环境因素相互整合并对企业未来发展做好预测（Gioia & Chittipeddi，1991）。技术机会和机会感知对吸收能力的影响不显著，这与我们前面的想法不一致。

6.1.4 对企业的管理启示

本书对数字经济背景下创新驱动、吸收能力及新产品创新绩效间的关系进行讨论，在实际应用中，企业应该关注顾客的需求及竞争对手的举动，将市场、技术信息转化成企业能够掌握的知识，进而生产出满足消费者需求的产品，从而取得新产品创新绩效；同时，企业通过多种渠道培养自身吸收能力，保持对外部环境较高的感知能力。政府应制定利好政策，推动企业开展创新活动，并在所在行业获得竞争优势。

6.2 研究讨论

本节对研究结论进行讨论。与前面的研究假设不一致的结论主要从以下几个方面呈现。

6.2.1 吸收能力的中介效果

数字经济背景下，公司具备市场导向是企业培养竞争优势及为潜在顾客提供超额价值的最有效率和最有效果的方式之一（Narver & Slater，1990），这一结果也与之前的研究一致，并支持先前的研究（Kohli & Jaworski，1990）。公司获取的顾客、竞争对手的市场信息，需要先在组织内部将这些信息进行消化、吸收并转换成实现组织目标的有用知识，再对这些知识加以开采利用，以响应市场需要。

在中国，互联网的普及使"互联网 +"理念深入消费者的日常生活，企业将互联网应用于不同的生活场景，并注重对消费者支付习惯的培养。例如，从几年前打车软件的应用，到摩拜单车、"小黄车"、"小蓝车"的应用。作为 2018 年中国主流两大支付平台——支付宝和微信，能感知到消费者的诉求，并将这种诉求在企业内消化、吸收，并积极根据用户需求研发新的应用平台及软件，将支付平台与各大城市公共交通系统相结合，城市地铁、公交都能通过支付宝、微信在线支付，方便快捷、安全可靠；不仅可以在线上购物、转账等方面使用，还可以在线下商户、公共服务场所等进行支付，支付范围非常广泛。与线下实体店铺结合，推出各种优惠活动，如满减、打折等，给用户带来实实在在的优惠。同时，通过开展各种营销活动培养用户习惯，进而增加用户对平台的使用量，抢占潜在用户，从而增加新产品创新绩效。

与此同时，本书研究显示技术机会对新产品创新绩效有显著的积极影响，这一结果与之前的研究一致，并支持先前的研究（Lichtenthaler，

2016）。但有技术的选择或技术的多样性并不代表企业能够选择正确，拥有众多的技术选择也并不代表企业就能做出创新的产品，因为企业如果无法消化这些技术也就无法创新产品，所以，技术机会要经过消化，转化成企业能掌握的能力，才有可能产生新产品。

6.2.2　市场动荡性的调节效果

市场动荡性引起学者们的广泛兴趣（Lee & Katzorke，2010），它的影响被认为是两可的（Calantone，Cavusgil & Zhao，2002）。

在先前的研究中，市场动荡性经常被看作调节变量（Guo et al.，2018；Kim et al.，2012），有些呈现正向调节作用（Chen et al.，2016；Wanget et al.，2015），还有些呈现负向调节效果（Guo et al.，2018；Morah，Wilson & Tzempelikos，2015）。而企业获取的顾客和竞争对手的信息量多且复杂，在获取过程中会面临很多不确定性，如获取的知识是否正确？该知识能否被企业员工吸收？生产出的产品或提供的新服务是否会满足消费者需求？诸如类似的因素都会影响企业从获取知识到消化、开发、应用知识的过程。因此，市场越动荡，市场导向与吸收能力之间的关系反而被削弱了。这些没有显著效果的结果与前人的研究结果一致（Greenley，1995；Jaworski & Kohli，1993）。

技术机会是管理者感知到外部相关技术知识，能够持续增加与此技术相关的研发投入的机会。快速的技术进步明显缩短了现有产品的生命周期，削弱企业赖以依赖的竞争优势（Porter，1980）。

技术知识不仅指与技术进步相关的知识，竞争对手的信息也是技术知识的来源（Tödtling et al.，2009）。但该结果与本研究的预期相矛盾。一个可能的原因是我们过度重视顾客需求的变化，只是一味地去迎合顾客需求的变化，面对技术选择时，抓住一切机会去掌握新技术，而这种技术是否适合企业现实情况，并没有去做太多的考虑，致使虽然引进了新技术，但由于企业自身原因（如不具备引进新技术的条件）而未能将新的技术转化为企业及员工掌握的能力，因此在市场动荡性变化下，技术机会并没有促进企业吸收能力的提高。况且，在市场动荡和技术机会的相互作用下，两种复杂的知识（市场和技术）交织在一起，许多企业不知道如何反应。面对多样的技术选择，能否选对技术决定着企业未来发展的方向，也决定能否真正取得创新绩效。

例如，当年诺基亚在面临技术选择时，选择了"塞班"（Symbian）系统，把手机功能租赁给微软，就失去智能手机行业先机，因为企业的资源相对来说是有限的，选择哪种技术，企业就会把该技术在其内部消化、吸收、应用并转化为新产品；同时，无论市场如何动荡，用户需求变化如何迅速，企业能否选择正确的、适合的技术，决定着企业新产品创新绩效的成效。

6.2.3 竞争强度的调节效果

在激烈的竞争环境中，消费者面临多样化的选择，企业为了应对顾客需求的变化也面临更高的挑战。企业为在竞争中取胜，就必须比竞争者能更快地洞察用户需求，并比竞争对手更加明确企业的目标。当企业在繁杂的市场信息中获取知识时，存在很多不确定性。例如，抓取到错误的信息，消化、吸收到错误的信息；也可能存在抓取到正确信息，但在企业内部消化、吸收转化成新产品绩效时，效果并不明显；或者开发的新产品或新服务不如竞争对手好；等等。这些都可能造成竞争强度越高，而市场导向到吸收能力间的关系被削弱的情况；同时，在竞争强度较高的环境下，企业会增加研发投入，这会增加研发与营销之间的冲突，而这种冲突会转移员工注意力并降低他们解决问题的能力（Behfar, Peterson, Mannix & Trochim, 2008；Greer & Jehn, 2007）。这些冲突可能会在执行过程中对团队的熟练程度产生负面影响，反过来又降低了企业竞争力，反而不利于新产品开发的开展（Hambrick, Cho & Chen, 1996）。还存在另外一种情况，就是在竞争激烈的环境下，企业不愿意尝试新技术，而是专注于利用现有技术基础来实现竞争优势（Gilbert, 2005），在同一行业里，随着竞争者都成为市场导向型的企业，竞争强度的调节效果就会降低（Kumar et al.，2011），这也与先前的研究一致（Ellis，2006；Guo et al.，2018；Kirca et al.，2005）。

例如，从 2000 年起，诺基亚将模拟手机转型为 2G 手机，超越摩托罗拉、爱立信等成为最大的手机运营商，2003～2006 年占有 72.8% 的市场份额，成为手机领域的佼佼者。翻开诺基亚的财报，2010 年诺基亚研发投入达到 58 亿欧元，是同期苹果公司的 4 倍还多。诺基亚拥有雄厚的研发资源，但 3G 智能机时代来临时，其并没有感知到用户需求的变化，没有意识到智能手机乃是未来发展的方向。iPhone 手机推出一年后，诺基亚才研发出具备触控技术的手机，而实际其在 2004 年已经掌握触控技术。① 因此，企业面临大量的市场机会，要时刻关注顾客需求变化，才能在同行业中胜出，才能把这些有用的知识在企业内部同化、吸收、转化应用为企业取得新产品创新绩效的关键。

与此同时，技术机会、竞争强度对吸收能力具有重要和积极的影响，但技术机会和竞争强度对吸收能力的影响不显著；表明技术机会对吸收能力的关系不受竞争强度的影响，这与我们先前的想法不一致。营销文献表明技术变革起因于市场上由技术创新带来的不稳定和变化（Kandemir，Yaprak & Cavusgil，2006），这种新兴和快速变化的技术会蚕食先前的服务或使其在市场上的竞争力下降（Droge，Calantone & Harmancioglu，2008），吸收能力的培养也会下降。面临更多的技术机会，拥有更多的技术选择，企业的能力并没有提高，也没有取得相应的创新绩效，这与先前的研究一致（Morah et al.，2015）。另外，当竞争激烈程度较高时，企业必须快速响应用户需求才能比竞争对手更强大，这将对吸收能力产生积极影响，但快速反应可能与市场导向相冲突，在这种情况下，它会阻碍企业吸收新知识；还有原因可能是我们过度重视行业内竞争对手的变化，为抢占市场，比竞争对手能更快地对顾客需求作出反应，面对多样的技术选择时，要判断哪种技术是适合企业的，不能盲目选择，需要经过系统的评估及综合判断。技术选择错误，即便该技术被

---

① 尹一丁. 转型无力：诺基亚手机帝国的衰亡［J］. 新财富，2013（12）.

企业及员工掌握，而这种能力的提升也不能促进企业绩效的提高。因此，企业面临众多的技术机会，技术选择性较多；但面对诸多的竞争者，企业技术选择的正确与否关系着企业能否提高正确的吸收能力，进而决定企业能否取得创新绩效。

例如，手机从 3G 时代到 4G 时代，Intel、三星公司都开发出新的系统，而对手机开发商来讲，选择哪种系统作为未来发展的方向，就成为企业面临的技术机会。如果公司拥有较高的技术选择机会，就能够比较容易地抓住先机，占有市场优势。诺基亚开始选择"塞班"（Symbian）系统，后来又选择 Windows Phone，继而在研发投入上对这一技术进行消化、吸收并加以应用，产生新产品绩效。面对众多的技术选择，诺基亚也曾作出选择，但未能选择正确，而这一技术选择和产品决策的失误也为后来微软收购诺基亚埋下隐患，这与我们的研究结论相符。

6.2.4　机会感知的调节效果

机会感知是一个认知过程，人们首先知觉到环境的改变，识别到机会；其次，解密这些信息来了解其含义并回应环境变化；最后，根据他们的理解采取行动（Gioia & Chittipeddi，1991），去权衡对企业来说是市场机会还是竞争威胁，并在企业决策上作出回应。

面对动荡的市场环境，企业通过合理化内部流程来改变市场需求，可能会更好地应对外部环境变化。如果企业能够较好地感知动荡的环境，他们可能会较好地识别自己在行业中的位置，并能通过加强关键流程来应对市场的变化（Sheng，2017）。亨内伯格、诺德与穆萨（Henneberg，Naude & Mouzas，2010）发现机会感知高的企业要比竞争对手能更好地识别商业机会。克莱因等（Klein et al.，2010）也表示失败主要与企业的机会感知有关，如忽视一些关键线索，忽视企业内部信息的分析和使用。当个人或企业在面对混沌、不确定的环境时，会由自己身份的建构、以往的经验对当前面临的机会进行感知，并作出判断。一个具有较高市场导向的企业会面临大量的顾客及竞争对手的信息，在企业对信息甄别的过程中,会面临很多的不确定性,如甄别到错误的信息,消化了无用的知识,从而错失潜在的机会,这与韦克(Weick,2012)提出的"机会感知中的一个核心问题是企业将获取的知识重新部署而避免盲目感知,以避免空洞的概念"观点一致。而这些都会造成机会感知能力虽然很强,但市场导向与吸收能力之间的关系却被削弱的情况。

当技术机会增加时,企业成员会更愿意吸收可能的技术工具或技术手段,而加以转换成企业自身的技术,并对之进行开采和利用;如果管理者的经验和知识相当丰富,外部技术变化的讯息就能较快地传递到企业,管理者有能力反应技术信息的变化,企业就能够较快、较好地辨识、筛选信息,能够更快地将信息转化成有用的知识,进而促进企业的吸收(Teulier & Rouleau,2013)。

技术机会和机会感知对吸收能力的影响不显著,这与我们先前的想法不一致。一个可能的原因是企业具备较高的机会感知能力,对环境变化比较敏感,当面临竞争对手的变化时,对新的技术选择感知比较快,能够在最短的时间内,让企业掌握新技术、员工掌握新技能(Akgün,Keskin,Byrne & Lynn,2014),但管理者的感知越高,就会不断察觉到新机会,如果已经做好了一项决策,采用一项新的技术或工艺,但这时又犹豫不决,感觉是不是另一项技术会更好,或者又有改变,而这种变化或犹豫反而会错失最佳机会,导致机会感知对技术机会和吸收能力的关系没有影响。

6.3 研究启示

6.3.1 理论启示

数字经济背景下,企业在由创新驱动到取得创新绩效的过程中,需要企业及员工对获取的顾客及竞争对手的大量市场信息、技术知识进行消化、吸收,并转换为能够促使企业创新的能力,从而取得竞争优势,这种能力即吸收能力 （Ryzhkova & PesÄMaa，2015）。信息是企业取得新产品创新绩效从而获得竞争优势的主要来源。在市场导向和技术机会驱动下，企业能较好地提高创新绩效 （Lewandowska，2015），但这项研究提出从创新驱动到新产品创新绩效必须通过吸收能力来完成，也就是吸收能力在创新驱动和新产品创新绩效的关系中扮演了中介角色。因此，我们提出创新驱动、吸收能力与新产品创新绩效之间的逻辑关系是一种必然的联系。这项研究提供的几项发现有助于对知识基础理论和新产品创新研究做补充。

首先，本书的研究扩展了知识资源及互补性、吸收能力和竞争优势的框架 （Zahra & George，2002）。但该框架只是在理论上论述，并没有通过实证检验证明。创新主要源自市场拉动和技术推动 （Dosi，1988），但并不全面，本书以市场导向和技术机会作为两个创新驱动因子，验证企业培养吸收能力，增加新产品创新绩效，从而获得竞争优势的逻辑机理。因此，本书提出拥有较高的市场导向和技术机会下的企业可以通过培养自身的吸收能力获得新产品创新绩效。这项研究揭示了我们的经验证据，并强调企业关注顾客需求及同行业竞争者的变化，以及对技术有着较高敏锐度的重要性，这促使企业追求自身吸收能力的培养，这一证据有助于创新文献和知识基础理论的发展。

其次，本书也进一步提出，市场动荡性在市场导向与吸收能力之间起着调节作用。在动荡的市场环境下，消费者的需求经常发生变化，这就需要企业抓住客户的需求变化，创造差异化价值，并将这些变化中的信息转化成有用的知识，并迅速在企业内部消化、吸收并转化、应用，形成企业自身独有的吸收能力，进而获得优异的企业绩效 （Jaworski & Kohli，1993）。企业对动荡变化市场的普遍反应是改进现有产品或开发新产品以减少市场动荡性的影响和提高创新绩效 （Hakonsson et al.，2016）。但在企业获取的诸多信息中，面临很多不确定性，这就使得企业甄别、消化、吸收、应用信息都会存在很多不确定性因素，这些都使得市场导向与吸收能力之间的关系被削弱了。

最后，竞争强度对市场导向和吸收能力的关系有着调节作用。在动荡的市场环境下，公司必须要比竞争对手更快地回应市场的微妙变化

（Lee & Katzorke，2010；Luo，2001）。企业将获得的市场知识在内部进行消化、吸收、转化、应用，转化成独特的能力，从而为顾客提供更好的新产品或新服务。然而，面临动荡的市场环境及竞争环境，企业从繁杂的信息里获取知识，会存在很多不确定性，如抓取、消化到错误的信息，使得市场导向到吸收能力间的关系存在被削弱的情况。

此外，机会感知在市场导向和吸收能力之间也有着调节效果。机会感知高的企业要比竞争对手能更好地识别商业机会（Henneberg et al.，2010）。面临繁杂的市场信息，具有较高感知能力的企业，能较好地感知到市场信息与技术机会，并能够更好地区别哪些是有用信息及判断出对企业有利的机会，能够较快地抓住先机，占有市场优势，从而为企业及员工提供未来发展的方向，而其企业成员在消化信息时目标也比较明确，从而促使企业吸收并转化成有用的知识，加快企业形成独特知识的进程，从而更好地满足顾客的需求，进而形成新产品创新绩效。但这并不意味着具备较高的机会感知能力一定会抓取到绝对正确的信息，还存在很多不确定的因素，这些都会造成虽然感知到机会，但这些机会对企业发展来说未必都是合适的。

6.3.2 管理启示

本书在数字经济背景下对创新驱动、吸收能力及新产品创新绩效间的关系进行讨论，在一定程度上对新产品创新及吸收能力的相关理论进行验证与扩展。这项研究的结果具有实际的管理学价值，并为从业者提供切实有用的建议。

6.3.2.1 发展市场导向型企业，有效推动数字化转型

中国共产党第十八次全国代表大会召开以来，党中央将数字经济上升为国家战略。同时，我国网络购物、移动支付、共享经济等数字经济新业态、新模式发展迅速，走在了世界前列。而数据要素是数字经济深入纵深发展的核心引擎。信息技术及人类生产生活的交融，互联网快速

普及应用都会引发全球数据爆发式增长，隐藏着巨大的经济及社会价值。

　　数字经济时代，市场行情瞬息万变，企业需要以持续的创新作为生存和发展的应对之策，才能保持企业的优势竞争，而对企业经营者来说，创造出新的有价值的产品或服务，提高企业创新绩效，是取得竞争优势的具体体现。创新有两个驱动因子——市场拉动和技术推动，在本书中对应为市场导向和技术机会。

　　拥有较高市场导向的企业能够给员工带来社会福利，这会使员工有着共同的目标，能够让员工对所在企业或部门产生一种较高的归属感和满意度，能够在同行业发展中抓住先机；这就需要企业及管理者重视市场知识，把握市场行情，关注顾客、竞争对手的变化，并让员工感受到拥有较高的市场导向给企业带来的收益及给员工带来的福利；管理者应该开展寻求和同化、分享外部信息（技术、市场）的活动；企业领导者也要对此保持积极态度并做好可能存在的风险准备，只有不断获取企业需要的信息，才能在市场竞争中胜出，并取得竞争优势。

　　数字经济背景下市场的交替更新速度加快，消费者对产品和服务的需求也在不断更新变化，企业应该成为一个市场导向型的企业，在精准把握市场动态的同时，快速跟进客户需求，不断把握用户需求的变化，并作出准确的判断，生产制造出优质的产品。而伴随着企业间竞争的加剧，商品同质化加剧，新产品利润空间降低，企业必须在高压的竞争环境中找准产品市场定位，挖掘细分市场领域空间，为目标客户群体提供相对竞争对手更有价值的产品和服务。

　　下面还是以诺基亚手机为例，说明企业把握市场导向的重要性。1993 年出现的 IBM 西蒙（Simon）是世界上第一部智能手机，而第一代 iPhone 于 2007 年出现。其实包括诺基亚、黑莓（BlackBerry）在内的很多厂商都没有计划去做智能手机市场，因为他们认为智能手机只是有钱人才使用，不会有很大的市场，也不会是未来发展的趋势，但苹果（Apple）公司看到这个机会，并研发了 IOS 系统，iPhone 手机成为引领业界的主流产品。很多手机运营商都忽略了用户需求的变化，也没有抓住这个机会，在手机市场并没有抢占到先机。因此，企业只有关注消费者需求的变化，并能抓住市场走向，才能获得竞争优势。

6.3.2.2 提高企业吸收能力，打造企业核心竞争力

仅仅把握用户需求和抓住技术机会就一定能产生新产品创新绩效吗？答案是不一定。本书研究表明，首先，企业要从繁杂的市场信息和技术信息中甄别挑选有用的信息，需要企业和员工对获取的顾客及竞争对手的大量信息进行消化、吸收，并转换为促使企业创新的能力，即吸收能力。吸收能力的强弱直接决定新产品创新绩效的效果，为此，企业应该注重吸收能力的培养，加强学习能力及学习意识，树立终身学习理念与机制，培育对外部信息和知识的敏感程度，使企业及员工能够感知和把握新知识、新技术的发展脉搏，进而对信息进行筛选并对有用的信息进行消化、吸收，转换成有用的知识。

其次，信息只有经过企业成员或个体转换成有用的知识并加以使用，才能促进产品绩效的提高，因此，企业需要创造宽松、积极向上的学习环境，形成共享、互动的学习氛围，并通过组织"焦点小组"和"头脑风暴"等多种形式来促进企业员工对外部知识的吸收及转化；对于所获取的新技术和知识，管理者要组织专家对新知识进行学习、消化，并组织内部学习转化为对企业有用的知识及能力。

再次，定期开展员工培训，包括企业内部培训与外部培训，在培训中内化创新意识，培养员工爱学习、乐于思考的习惯。

最后，企业要加强对知识重要性的认知，从创新的视角不断提高组织对外部知识的吸收能力，以及培养组织自身的创新能力，打造创新型的知识团队，从核心竞争力打造整体出发，寻找适合企业自身情况的提升方案，塑造企业核心竞争力。

6.3.2.3 培养企业风险意识，保持对外部环境较高的感知能力

数字经济作为中国经济的重要组成部分，中国数字经济结构也在不断优化，国家一系列政策的推出，为我国数字经济发展提供了良好发展空间。特别是新冠疫情暴发以来，消费者需求的迅速变化及消费模式的

不断更替，都不断促使企业数字化转型，也推动着企业高质量发展。这些都给中国企业带来了发展机遇。同时，企业在面对利好发展机遇的同时，也要具备风险意识，能够意识到存在的潜在风险。例如，对于国家释放的政策导向信号，由于不正确的解读，可能会影响地方政府和企业的发展导向，加重各省份区域间税收的不公平性，这些都是在数字经济发展中可能出现的。

然而，企业对外界环境的机会感知是一个贯穿始终的过程，在这个过程中企业寻找、解释和回应有关环境的信息（Weick，1995）。具备较高机会感知能力的企业，会重视接触到的外部知识，对其做好解释和理解，并将企业不明确的情况通过解释和分享达成共同的目标（Christiansen & Varnes，2009）。这种信息、知识的共享也能促使企业及员工对市场、技术知识达成共识，并形成自身独特的能力，进而促进新产品创新绩效的提高或增加。

数字经济背景下，企业管理者应该对外部环境保持较高的敏感性，通过国家政策、同行竞争对手的举动及消费者的需求变化来辨识是市场机会还是面临的威胁，并能结合企业本身情况，促使企业把市场信息迅速转换成对企业有利的知识，并对获取的知识进行消化、吸收、利用，进而转换为企业能够执行的一系列措施，如回应顾客需求等。管理人员可定期参加行业年会或相关领域论坛，掌握未来可能存在的市场机会和技术机会，通过公司内部的定期会议，讨论新的商业机会并预测市场和技术发展趋势，为企业新产品创新提供方向。

同时，企业应重视客户关系管理工作，定期邀请客户参加企业活动或利用互联网多种联系方式，如QQ、微信等方式与客户加强沟通，了解用户需求变化，从而第一时间掌握客户价值取向变化及诉求；通过权衡自身情况来进行技术的引进，避免盲目感知，并结合企业自身情况，重视企业内部信息的分析和使用。

下面还是以诺基亚为例来分析机会感知的重要性。当时，塞班系统（Symbian Os）在创新上表现不佳，落后于智能手机的发展；而诺基亚此时也研发了自己的系统，但其系统易用性差，用户的使用体验并不乐观，但诺基亚公司又不愿放弃，导致 2011～2013 年 Windows Phone（WP）落后于其他的手机操作系统。诺基亚虽然感知到用户需求及竞争对手的变化，但面临机会，没有选择安卓（Android）系统，而是重新去研发新系统，在技术选择上并没有作出正确的选择，从而错失最好的机会，这与我们的研究结论一致。①

6.3.2.4 构建良好发展环境，完善数字经济利好政策

中国历来重视企业创新意识的培养和创新行为，并将创新驱动作为国家发展战略。高科技企业是创新的重要引领者。中国于 1996 年先后出台《关于促进企业技术进步有关财务税收问题的通知》和《国家税务总局关于印发〈企业技术开发费税前扣除管理办法〉的通知》，并于 2006 年、2008 年两次进行修订。2008 年科技部、财政部、国家税务总局印发《高新技术企业认定管理办法》，并于 2010 年、2016 年两次修订，对满足条件并成功申请认定的高科技企业享受包括技术转让、所得税免征、企业所得税减征、固定资产可加速折旧或一次性扣除、优先获批无息贷款等一系列优惠政策。资源依赖理论认为那些能为企业提供资源的组织或机构，对企业的发展影响重大（Hillman，Withers & Collins，2009），因此高科技企业认定无疑能给企业发展带来有利的发展契机。

在本书中，高科技企业样本来源地北京市、深圳市和山东省，它们根据国家的方针，又推出相应的地方性政策来呼应当地数字经济发展。例如，北京市经信局等多部门在 2020 年中国国际服务贸易交易会上发布了《北京市促进数字经济创新发展行动纲要（2020—2022 年)》《北京市关于打造数字贸易试验区的实施方案》等促进数字经济、数字贸易发展的相关政策，努力将北京打造成为全国数字经济发展的先导区和示范区。近年来，深圳市相继出台了"促进大数据发展行动计划""推进云计算发展行动计划""新一代人工智能发展行动计划""工业互联网发展行动计划"以及推动电子商务加快发展、加快文化产业创新发展的一系列政策

---

① 笔者根据网络资源整理。

措施。2020 年，深圳市出台了《数字经济产业创新发展实施方案（2021 –
2023 年）》《打造全国鲲鹏产业示范区工作方案（2020 – 2022 年）》等政
策文件。

为深入贯彻落实《数字山东发展规划（2018 – 2022 年）》，大力发展
数字经济，加快推进新旧动能转换，实现经济高质量发展，山东省人民
政府办公厅《关于印发山东省支持数字经济发展意见的通知》，提出了目
标任务及相应政策措施，在要素供给、创新活力的激发、市场主体的培
育及资金扶持力度等方面都给出了具体的对策、建议和分工落实。这些
有关数字经济的相应政策与各地经济发展水平、收入水平相对应。

面对数字时代的机遇，应做好以下配套工作。

第一，落实政策。各地应将高科技企业优惠政策、资金落实到位。
高新技术企业的研发投入与各地税收优惠力度是密切关联的，政府在出
台相应政策时，应该稳定税收制度的连贯性，这样才能引导高科技企业
制定合理的研发策略，保持企业研发的稳定投入，从而保证企业可持续
发展；同时应综合考虑本地高科技企业在经营状况、科研水平、发展阶
段的特点，有针对性地对当地财税政策结构进行优化，并加强与人才政
策、金融政策联动。另外，要精简申请流程，加强对相关政策的宣传力
度，保证认定及落实工作有序进行。

第二，建立高效、协调的高科技企业监管体制。要为当地高科技企
业的发展营造最佳的宏观环境，适当加大对高科技企业财税政策的扶持
力度，完善相关法律保障体系，对企业合理监管。各地政府结合财政情
况，对高科技企业的补贴保持适当比例的增加，是保证企业可持续发展
的重要保证。

第三，人才引进政策。各地政府应该坚持人才需求导向，将财政科
技资助合理配置在引进人才待遇、创新高科技投资环境、形成向上的研
究氛围及人才保障制度方面，做好外部公共政策的支持，如根据各地特
点来制定有效的推动股权激励实施政策；根据各企业情况量身定制科学
的绩效考评体系，真正让企业留住人才。

6.3.2.5 利用好政策红利，积极推进企业数字化改革

第一，研发补贴投入比重的分配。现阶段企业的研发投入普遍不足，为鼓励企业自主创新，推动经济的发展，各地政府应该加大对企业的研发补贴力度。另外，各地政府提供的补贴通常用于技术创新部门，往往"重研发轻市场"，企业应该合理分配政府补贴，适当给予企业新产品和新技术在市场开拓方面的补贴比例，充分调动企业内部开发设计新产品的热情，促进创新活动的开展，从而提高新产品创新绩效。

第二，产学研合作。高科技企业要加大与当地学校、科研机构的合作，建立合理的利益分配机制，形成产、学、研联动机制，在带动地方经济的同时，还能更好地促进自身的发展。同时，面对复杂的市场信息和技术信息，企业需要提高理解复杂知识、技术的能力，进而提高对知识的吸收能力，从而更好地促进新产品创新绩效的产生；另外，企业应建立以自筹为准、政府补贴为辅，吸纳多渠道融资方式，更好地提升企业自主创新能力。

第三，员工激励。除工作激励、薪酬激励、文化激励、组织激励之外，企业应该积极尝试实施高层次人才股权激励政策，吸收高科技人才，并激发、调动科研人才的积极性；同时，塑造公司独特文化，营造更好的环境和条件，建设学习型组织，增加公司对高科技人才的凝聚力。

6.3.2.6 搭建数字化人才培养体系，为企业发展赋能赋智

数字经济背景下，企业创新绩效的提升离不开数字化人才、创新型人才的培养，企业应该积极利用数字化手段，构建企业数字化人才培养、提升体系，制订、完善、落实高端人才引进计划，提高高素质人才队伍建设，不断壮大企业人才梯队。针对新入职员工，企业应完善人才培养体系架构，借助数字化手段对入职新员工的知识体系、职业经历等进行全方位的分析和定位，针对新员工的具体情况，特别是拥有典型特长的特殊人才，提升培养深度和力度，挖掘员工的潜在创新能力；对于老员

工，也应该分阶段进行剖析，判断挖掘潜力，通过不同阶段、不同类型的培训，给老员工不断增加新知识，并不断更新创新理念，包括技术层面和理念层面，让整个企业的人才队伍不断保持持续创新的状态。

另外，对于企业人才的培养，也应该加大培训费用的投入，针对技术型人才、营销型人才、管理型人才、研发型人才的不同特征，提供不同的人才培养方案，但也要提供不同类型人才沟通和交流的机会，以便在正常的企业运行过程中，不同岗位、不同类型、不同性格的员工能更好地配合和沟通，增加配合默契度，提高团队配合意识和整体创新能力的发挥。适当的全方位的综合性考核对于提高员工积极性和增强综合素质的培养也是必要的，从而作为员工岗位调整的衡量和依据。

数字经济时代背景下，企业要将人才培养放在重要位置，通过提高组织吸收能力，组织内外的培训等方式来提升企业员工综合素质，通过畅通内外部关系，营造宽松的学习环境，将企业员工的价值发挥到最大化，从而提升企业整体能力和竞争力，让人才成为企业核心竞争力提升的重要因素。

6.3.2.7　发挥数字化优势，建立公平、公正、透明的市场环境

数字经济时代背景下，市场会愈加开放，信息会愈加透明，政府要借力数字资源，不断完善与企业竞争相关的制度，实现市场竞争环境的公正、公开、公平。发挥市场的自然机制，处理好政府、市场与企业之间的关系。引导企业、社会参与市场环境的营造和建设，提高企业利用数字化的优势，营造公平、公正、透明的市场环境和营商环境。

创新成为推动我国经济高质量发展、经济可持续发展的第一动力。政府借助数字化优势，有利于建设包括法律体系、税务体系、商业规则及语言文化等统一的市场基础制度规则，提高相关政策、规则执行的协同性，破除那些影响生产要素市场化配置及商品服务流通的障碍，为各类市场主体在广阔的市场空间和规范的市场环境下参与公平竞争提供机会。

6.4 研究局限和未来研究展望

本书撰写总结出一些有价值的结论，但还有很大的研究空间，期待在未来的研究中不断完善和深化。

首先，虽然数据是可靠的，但数据母体来源于中国，样本来自中国三个区域的企业，因此结果的普遍通用性受到限制；同时，样本数据不大，限制了其推广的普遍性。未来的研究可能会跨越国界，对比来自发达国家和发展中国家样本数据的差异，以及来自两个发展中国家样本数据的差异，从而补充当前的研究结果。

其次，本书使用的是横断面数据。由于时间限制，本书采用横截面数据，但横截面数据并不能显示因果关系，而市场导向、吸收能力和新产品创新绩效的产生，技术机会、吸收能力和新产品创新绩效的出现，都需要时间的积累才能清晰地体现，这也限制了研究结论的说服力。因此，未来的研究可以利用纵向设计来解决这个问题，依托一定量的企业样本数据，针对一定时间跨度内的纵向数据，对研究假设进行进一步的验证，通过对企业样本长期跟踪，动态阐明创新驱动、吸收能力和新产品创新绩效之间的关系逻辑，以及环境不确定性、机会感知对创新驱动和吸收能力的影响过程。

再次，这项研究可能包含其他的影响因素。为更加全面地探讨企业在取得新产品创新绩效的过程中还会受到哪些因素的影响，以及吸收能力到绩效之间是否还有其他中介变量或调节变量？在未来的研究中还应该考虑创新倾向和新产品创新程度，以及创新程度对新产品创新绩效的影响。同时，本书探讨了吸收能力在企业获取市场、技术知识到新产品创新绩效取得之间的重要作用，但吸收能力的高低对创新绩效的产生有何差异呢？这些都会在未来的研究中进行探讨。

最后，在创新驱动、吸收能力和新产品创新绩效过程中，除环境的不确定性即市场动荡性、竞争强度及机会感知，还有其他的因素对创新驱动与吸收能力也会有影响作用，这在未来的研究中将进一步讨论。

参 考 文 献

［1］陈晓红，唐立新，李勇建，等．数字经济时代下的企业运营与服务创新管理的理论与实证［J］．中国科学基金，2019，33（3）：301 - 307.

［2］陈劲．从技术引进到自主创新的学习模式［J］．科研管理，1994（2）：32 - 34，31.

［3］陈劲，郑刚．创新管理：赢得持续竞争优势．第2版［M］．北京：北京大学出版社，2013.

［4］陈曦．创新驱动发展战略的路径选择［J］．经济问题，2013（3）：42 - 45.

［5］陈洪玮，张琼，冯星坤．企业创新驱动因素及其对创新绩效的作用路径研究［J］．江西社会科学，2017，37（11）：222 - 230.

［6］程郁，陈雪．创新驱动的经济增长——高新区全要素生产率增长的分解［J］．中国软科学，2013（11）：26 - 39.

［7］池仁勇，於珺，阮鸿鹏．企业规模、研发投入对创新绩效的影响研究——基于信用环境与知识存量视角［J］．华东经济管理，2020，34（9）：43 - 54.

［8］党琳，李雪松，申烁．数字经济、创新环境与合作创新绩效［J］．山西财经大学学报，2021，43（11）：1 - 15.

［9］丁志帆．数字经济驱动经济高质量发展的机制研究：一个理论分析框架［J］．现代经济探讨，2020，39（1）：85 - 92.

［10］杜谦，杨起全．关于当前我国科技发展主要矛盾的思考［J］．中国科技论坛，2001（2）：22 - 26.

［11］二十国集团G20（2016）. 二十国集团数字经济发展与合作倡议［R/OL］.（2016 - 09 - 29）［2022 - 01 - 05］. http：//www. cac. gov. cn/2016 - 09/29/c_1119648520. htm?t = 1539514650460.

［12］方新，余江. 系统性技术创新与价值链重构［J］. 数量经济技术经济研究，2002（7）：5 - 8.

［13］傅家骥. 技术创新学［M］. 北京：清华大学出版社，1998.

［14］龚刚，魏熙晔，杨先明，等. 建设中国特色国家创新体系跨越中等收入陷阱［J］. 中国社会科学，2017，260（8）：61 - 86，205.

［15］"十四五"大数据产业发展规划［R/OL］.（2022 - 07 - 06）［2022 - 09 - 07］. 中华人民共和国工业和信息化部官网.

［16］洪银兴. 论创新驱动经济发展战略［J］. 经济学家，2013（1）：5 - 11.

［17］黄璐，王康睿，于会珠. 并购资源对技术并购创新绩效的影响［J］. 科研管理，2017（4）：301 - 308.

［18］惠宁，白思. 打造数字经济新优势：互联网驱动区域创新能力提升［J］. 西北大学学报（哲学社会科学版），2021，51（6）：18 - 28.

［19］焦勇. 数字经济赋能制造业转型：从价值重塑到价值创造［J］. 经济学家，2020（6）：87 - 94.

［20］荆文君，孙宝文. 数字经济促进经济高质量发展：一个理论分析框架［J］. 经济学家，2019（2）：66 - 73.

［21］蓝庆新，赵永超. 双循环新发展格局下的数字经济发展［J］. 理论学刊，2021，293（1）：24 - 31.

［22］李静. 中国互联网发展报告（2021）发布［R/EL］.（2021 - 07 - 14）［2022 - 03 - 01］. 经济参考网.

［23］李静怡，王祯阳，武咸云. 政策激励与研发投入交互作用对创新绩效的影响［J］. 科研管理，2020，41（5）：99 - 110.

［24］李雪，吴福象，竺李乐. 数字经济与区域创新绩效［J］. 山西财经大学学报，2021，43（5）：17 - 30.

［25］李海超，李志春，杨杨. 我国高技术产业自主创新驱动因素及

实现路径研究 [J]. 科学管理研究, 2017, 35 (3): 50-54.

[26] 李晓华. 数字经济新特征与数字经济新动能的形成机制 [J]. 改革, 2019 (11): 40-51.

[27] 李平, 刘志勇. 发展中国家技术创新的特点及其对策 [J]. 南开经济研究, 2001 (6): 45-48.

[28] 刘大鹏, 赵茂, 徐海清. 区域经济体发展差异如何影响上市企业创新绩效 [J]. 江汉学术, 2020 (6): 36-46.

[29] 刘静凤. 数字经济发展对区域创新绩效影响的实证检验 [J]. 技术经济与管理研究, 2022, 312 (7): 9-13.

[30] 刘志彪. 在新一轮高水平对外开放中实施创新驱动战略 [J]. 南京大学学报 (哲学·人文科学·社会科学), 2015, 52 (2): 17-24, 158.

[31] 刘洋, 董久钰, 魏江. 数字创新管理: 理论框架与未来研究 [J]. 管理世界, 2020, 36 (7): 198-217.

[32] 柳卸林. 技术经济学的重建 [J]. 数量经济技术经济研究, 1993 (9): 30-33.

[33] 龙建辉. 创新驱动发展的双元路径及其关联机制——基于全要素生产率的实证发现 [J]. 科技管理研究, 2017, 37 (10): 24-34.

[34] 卢谢峰, 韩立敏. 中介变量、调节变量与协变量——概念、统计检验及其比较 [J]. 心理科学, 2007, 168 (4): 934-936.

[35] 罗珉, 李亮宇. 互联网时代的商业模式创新: 价值创造视角 [J]. 中国工业经济, 2015 (1): 95-107.

[36] 迈克尔·波特. 国家竞争优势 [M]. 北京: 华夏出版社, 2002.

[37] 裴小革. 论创新驱动——马克思主义政治经济学的分析视角 [J]. 经济研究, 2016, 51 (6): 17-29.

[38] 邱洋冬. 数字经济发展如何影响企业创新 [J]. 云南财经大学学报, 2022, 38 (8): 61-81.

[39] 任南, 鲁丽军, 何梦娇. 大数据分析能力、协同创新能力与协

同创新绩效 [J]. 中国科技论坛, 2018 (6): 59-66.

[40] 尚洪涛, 黄晓硕. 政府补贴、研发投入与创新绩效的动态交互效应 [J]. 科学学研究, 2018, 36 (3): 446-455, 501.

[41] 施筱勇. 创新驱动经济体的三大特征及其政策启示 [J]. 中国软科学, 2015 (2): 44-56.

[42] 粟进, 宋正刚. 科技型中小企业技术创新的关键驱动因素研究——基于京津4家企业的一项探索性分析 [J]. 科学学与科学技术管理, 2014, 35 (5): 156-163.

[43] 陶秋燕, 李锐, 王永贵. 创新网络特征要素配置、环境动荡性与创新绩效关系研究——来自QCA的实证分析 [J]. 科技进步与对策, 2016, 33 (18): 19-27.

[44] 童红霞. 数字经济环境下知识共享、开放式创新与创新绩效——知识整合能力的中介效应 [J]. 财经问题研究, 2021, 455 (10): 49-61.

[45] 王逸飞, 钱晨菲. 中国互联网发展报告 (2022) 发布 [R/OL]. (2022-11-09) [2023-01-07]. 中国新闻网.

[46] 网经社电子商务研究中心. 2022中国数字经济政策及发展研究报告 [R/OL]. (2022-12-08) [2023-01-07]. 网经社.

[47] 吴晓波, 胡松翠, 章威. 创新分类研究综述 [J]. 重庆大学学报: 社会科学版, 2007, 13 (5): 35-41.

[48] 王玺, 李桂君. 政策创新驱动新能源产业发展——关于中国风电产业税收政策研究 [J]. 中国软科学, 2014, 288 (12): 170-178.

[49] 汪旭晖. 新时代的"新零售": 数字经济浪潮下的电商转型升级趋势 [J]. 北京工商大学学报 (社会科学版), 2020, 35 (5): 38-45.

[50] 王伟光, 马胜利, 姜博. 高技术产业创新驱动中低技术产业增长的影响因素研究 [J]. 中国工业经济, 2015 (3): 70-82.

[51] 王玉民, 刘海波, 靳宗振, 等. 创新驱动发展战略的实施策略研究 [J]. 中国软科学, 2016 (4): 1-12.

[52] 王聪, 何爱平. 创新驱动发展战略的理论解释: 马克思与熊彼

特比较的视角［J］．当代经济研究，2016，251（7）：57－65，97．

［53］王松，胡树华，牟仁艳．区域创新体系理论溯源与框架［J］．科学学研究，2013，31（3）：344－349，436．

［54］王兰英，杨帆．创新驱动发展战略与中国的未来城镇化建设［J］．中国人口·资源与环境，2014，24（9）：163－169．

［55］魏江，黄学．高技术服务业创新能力评价指标体系研究［J］．科研管理，2015，36（12）：9－18．

［56］温彬．2020年国务院政府工作报告解读［J/OL］．（2020－05－22）［2022－12－09］．新华网．

［57］温忠麟．张雷，侯杰泰，等．中介效应检验程序及其应用［J］．心理学报，2004（5）：614－620．

［58］吴建南，郑烨，徐萌萌．创新驱动经济发展：美国四个城市的多案例研究［J］．科学学与科学技术管理，2015，36（9）：21－30．

［59］吴湘玲．新经济背景下加快数字经济发展的思考——以C市为例［J］．人民论坛·学术前沿，2020，208（24）：105－111．

［60］新华社．习近平：高举中国特色社会主义伟大旗帜 为全面建设社会主义现代化国家而团结奋斗——在中国共产党第二十次全国代表大会上的报告［R/OL］．（2022－10－25）［2023－01－07］．中国政府网．

［61］新华社．亚太经合组织第二十七次领导人非正式会议并发表重要讲话［R/OL］．（2020－11－20）［2022－11－29］．中国政府网．

［62］新华社．中华人民共和国国民经济和社会发展第十四个五年规划和2035年远景目标纲要［R/OL］．（2021－03－13）［202－12－17］．中国政府网．

［63］徐雷．促进数字经济和实体经济深度融合［J/OL］．（2022－11－18）［2023－01－07］．人民网．

［64］徐保昌，邱涤非，杨喆．进口关税、企业创新投入与创新绩效——来自中国制造业的证据［J］．世界经济与政治论坛，2018（5）：119－137．

［65］徐清源，单志广，马潮江．国内外数字经济测度指标体系研究

综述 [J]. 调研世界, 2018, 302 (11): 52 - 58.

[66] 许宪春, 张美慧. 中国数字经济规模测算研究——基于国际比较的视角 [J]. 中国工业经济, 2020, 37 (5): 23 - 41.

[67] 薛求知, 林哲. 美欧、日韩公司技术创新机制比较 [J]. 研究与发展管理, 2001 (3): 58 - 63.

[68] 谢卫红, 刘高, 王田绘. 大数据能力内涵、维度及其与集团管控关系研究 [J]. 科技管理研究. 2016. 36 (14): 170 - 177.

[69] 解学梅, 刘丝雨. 协同创新模式对协同效应与创新绩效的影响机理 [J]. 管理科学, 2015, 28 (2): 27 - 39.

[70] 杨震宁, 赵红. 中国企业的开放式创新: 制度环境、"竞合"关系与创新绩效 [J]. 管理世界, 2020, 36 (2): 139 - 160, 224.

[71] 员宁波. 新型工业化过程中创新驱动作用机制研究 [J]. 改革与战略, 2016 (7): 91 - 94.

[72] 袁潮清, 刘思峰. 区域创新体系成熟度及其对创新投入产出效率的影响——基于我国 31 个省份的研究 [J]. 中国软科学, 2013, 267 (3): 101 - 108.

[73] 游达明, 孙理. 企业创新驱动发展模式选择 [J]. 统计与决策, 2017, 475 (7): 178 - 181.

[74] 俞仁智, 何洁芳, 刘志迎. 基于组织层面的公司企业家精神与新产品创新绩效——环境不确定性的调节效应 [J]. 管理评论, 2015, 27 (9): 85 - 94.

[75] 余鉴霖. 跨国技术并购对企业创新绩效的影响研究——以吉利汽车为例 [D]. 成都: 四川师范大学, 2020.

[76] 张昕蔚. 数字经济条件下的创新模式演化研究 [J]. 经济学家, 2019 (7): 32 - 39.

[77] 张来武. 科技创新驱动经济发展方式转变 [J]. 中国软科学, 2011 (12): 1 - 5.

[78] 赵星. 数字经济发展现状与发展趋势分析 [J]. 四川行政学院学报, 2016 (4): 85 - 88.

［79］赵滨元. 数字经济对区域创新绩效及其空间溢出效应的影响
［J］. 科技进步与对策, 2021, 38 (14): 37-44.

［80］郑烨, 吴建南. 内涵演绎、指标体系与创新驱动战略取向
［J］. 改革, 2017, 280 (6): 56-67.

［81］周海涛, 张振刚. 政府研发资助方式对企业创新投入与创新绩
效的影响研究［J］. 管理学报, 2015, 12 (12): 1797-1804.

［82］朱桂龙, 钟自然. 从要素驱动到创新驱动——广东专业镇发展
及其政策取向［J］. 科学学研究, 2014, 32 (1): 29-33.

［83］中国科技部. 高新技术企业认定管理办法［R］. 北京: 高新
技术企业认定管理工作委员会, 2016.

［84］中华人民共和国互联网信息化办公室. 二十国集团数字经济发
展与合作倡议［EB/OL］. (2016-09-29)［2023-01-07］. http://
www. cac. gov. cn/2016-09/29/c_1119648520. htm.

［85］Afuah, A. Innovation management: Strategies, implementation and
profits. *New York: Oxford University Press*, 2003.

［86］Ahimbisibwe, G. M., Nkundabanyanga, S. K., Nkurunziza, G.,
& Nyamuyonjo, D. Knowledge absorptive capacity: Do all its dimensions matter
for export performance of SMEs? *World Journal of Entrepreneurship Management
& Sustainable Development*, 2016, 12 (2): 139-160.

［87］Ahuja, G., & Lampert, C. M. Entrepreneurship in the large cor-
poration: A longitudinal study of how establised firms create breakthrough in-
ventions. *Strategic Management Journal*, 2001, 22 (6/7): 521-543.

［88］Akgün, A. E., Keskin, H., Byrne, J. C., & Lynn, G. S. Ante-
cedents and consequences of organizations' technology sensemaking capability.
Technological Forecasting & Social Change, 2014, 88: 216-231.

［89］Akgün, A. E., Keskin, H., Lynn, G., & Dogan, D. Anteced-
ents and consequences of team sensemaking capability in product development
projects. *R&D Management*, 2012, 42 (5): 473-493.

［90］Alegre J, Chiva R. Assessing the Impact of Organizational Leaning

Capacity on Product Innovation Performance: An Empirical Test. *The Innovation*, 2008, 28 (6): 15 –326.

[91] Andrevski, G. , Richard, O. C. , Shaw, J. D. , & Ferrier, W. J. Racial diversity and firm performance: The mediating role of competitive intensity. *Journal of Management*, 2014, 40 (3): 820 –844.

[92] Appiah – Adu, K. Market orientation and performance: Empirical tests in a transition economy. *Journal of Strategic Marketing*, 2011, 20 (6): 25 –45.

[93] Armario, J. M. , Ruiz, D. M. , & Armario, E. M. Market orientation and internationalization in small and medium – sized enterprises. *Journal of Small Business Management*, 2008, 46 (4): 485 –511.

[94] Aryasa, K. B. , Wahyuni, S. , Sudhartio, L. L. , & Wyanto, S. H. The impact of absorptive capacity, organizational inertia on alliance ambidexterity and innovation for sustained performance. *Academy of Strategic Management Journal*, 2017, 16 (3): 1 –19.

[95] Atuahene – Gima, K. An exploratory analysis of the impact of market orientation on new product performance: A contingency approach. *Journal of Product Innovation Management*, 1995, 12 (4): 275 –293.

[96] Atuahene – Gima, K. Market orientation and innovation. *Journal of Business Research*, 1996, 35 (2): 93 – 103.

[97] Atuahene – Gima, K. Resolving the capability: Rigidity paradox in new product innovation. *Journal of Marketing*, 2005, 69 (4): 61 –83.

[98] Atuahene – Gima, K. , & Ko, A. An empirical investigation of the effect of market orientation and entrepreneurship orientation alignment on product innovation. *Organization Science*, 2001, 12 (1): 54 –74.

[99] Atuahene – Gima, K. , Li, H. , & Luca, L. M. D. The contingent value of marketing strategy innovativeness for product development performance in Chinese new technology ventures. *Industrial Marketing Management*, 2006, 35 (3): 359 –372.

［100］Atuahene – Gima, K. , & Wei, Y. The vital role of problem – solving competence in new product success. *Journal of Product Innovation Management*, 2011, 28 (1): 81 –98.

［101］Atuahene – Gima, K. , Slater, S. F. , & Olson, E. M. The contingent value of responsive and proactive market orientation on new product program performance. *Journal of Product Innovation Management*, 2005, 22 (6): 464 –482.

［102］Audretsch, D. B. , & Feldman, M. P. Innovative clusters and the industry life cycle. *Review of Industrial Organization*, 1996, 11 (2): 253 – 273.

［103］Barney, J. Firm resource and sustained competitive advantage. *Journal of Management*, 1991, 17 (1): 99 – 120.

［104］Barney, Wright, M. , & Ketchen, D. J. The resource – based view of the firm: Ten years after 1991. *Journal of Management*, 2001, 27 (6): 625 –641.

［105］Baron, R. M. , & Kenny, D. A. The moderator – mediator variable distinction in social psychological research: Conceptual, strategic, and statistical considerations. *Journal of Personality and Social Psychology*, 1986, 51 (6): 1173 –1182.

［106］Barrett, P. Structural equation modelling: Adjudging model fit. *Personality & Individual Differences*, 2007, 42 (5): 815 –824.

［107］Bavarsad, B. , Kayedian, A. , Mansouri, Z. , & Yavari, F. Studying the effect of social capital and technological opportunities on innovation with the mediator role of knowledge absorptive capacity. *International Journal of Operations & Logistics Management*, 2014, 3 (4): 302 –311.

［108］Baysinger, B. , & Hoskisson, R. E. Diversification strategy and R&D intensity in multiproduct firms. *Academy of Management Journal*, 1989, 32 (2): 310 –332.

［109］Behfar, K. J. , Peterson, R. S. , Mannix, E. A. , & Trochim,

W. M. The critical role of conflict resolution in teams: A close look at the links between conflict type, conflict management strategies, and team outcomes. *Journal of Applied Psychology*, 2008, 93 (1): 170 – 188.

[110] Belderbos, R., Carree, M., & Lokshin, B. Cooperative R&D and firm performance. *Research Policy*, 2004, 33 (10): 1477 – 1492.

[111] Ben – Menahem, S. M., Kwee, Z., Volberda, H. W., & Bosch, F. A. J. V. D. Strategic renewal over time: The enabling role of potential absorptive capacity in aligning internal and external rates of change. *Long Range Planning*, 2013, 46 (3): 216 – 235.

[112] Bender, W., Gruhl, D., Morimoto, N., & Lu, A. Techniques for data hiding. *IBM Systems Journal*, 1996, 35 (3): 313 – 336.

[113] Benner, M. J., & Tushman, M. L. Exploitation, exploration, and process management: The productivity dilemma revisited. *Academy of Management Review*, 2003, 28 (2): 238 – 256.

[114] Berger, P. D., Bolton, R. N., Bowman, D., Briggs, E., Kumar, V., Parasuraman, A., & Terry, C. Marketing actions and the value of customer assets: A framework for customer asset management. *Journal of Service Research*, 2002, 5 (8): 39 – 54.

[115] Best, K., Rehberg, M., & Schraudner, M. Fostering Collaborative Innovation: Fraunhofer's Participatory Methodology. *Technology, Commercialization and Gender*. Cham: Springer International Publishing, 2017.

[116] Bonner, & Walker. Selecting influential business – to – business customers in new product development: Relational embeddedness and knowledge heterogeneity considerations. *Journal of Product Innovation Management*, 2004, 21 (3): 155 – 169.

[117] Booz, A., Amp, & Hamilton. *Management of new products*. Chicago: Booz, Allen and Hamilton Inc, 1982.

[118] Bosch, F. A. J. V. D., Volberda, H. W., & Boer, M. D. Co-evolution of firm absorptive capacity and knowledge environment: Organizational

forms and combinative capabilities. *Organization Science*, 1999, 10 (5): 551 – 568.

[119] Bouncken, R. B. , Plüschke, B. D. , Pesch, R. , & Kraus, S. Entrepreneurial orientation in vertical alliances: Joint product innovation and learning from allies. *Review of Managerial Science*, 2014, 10 (2): 381 – 409.

[120] Bouquet, C. , & Birkinshaw, J. Weight versus voice: How foreign subsidiaries gain attention from corporate headquarters. *Academy of Management Journal*, 2008, 51 (3): 577 – 601.

[121] Brahmana, S. S. Resource based view: The effect of product innovation on market orientation and performance relationship. *Universitas Pelita Harapan*, 2007, 2 (1): 94 – 110.

[122] Brauner, E. , & Becker, A. Beyond knowledge sharing: The management of transactive knowledge systems. *Knowledge & Process Management*, 2006, 13 (1): 62 – 71.

[123] Brynteson, R. *Manager's pocket guide to innovation*. India: HRD Press, 2010.

[124] Bucktowar, R. , Kocak, A. , & Padachi, K. Entrepreneurial orientation, market orientation and networking: Impact on innovation and firm performance. *Journal of Developmental Entrepreneurship*, 2015, 20 (4): 1 – 22.

[125] Calantone, R. J. , Cavusgil, S. T. , & Zhao, Y. Learning orientation, firm innovation capability, and firm performance. *Industrial Marketing Management*, 2002, 31 (6): 515 – 524.

[126] Calisir, F. , Gumussoy, C. A. , Basak, E. , & Gurel, G. Effect of organizational learning, transformational leadership, and market orientation on firm performance. *International Journal of Innovation & Technology Management*, 2016, 13 (3): 103 – 130.

[127] Campbell, D. T. , & Fiske, D. W. Convergent and discriminant validation by the multitrait – multimethod matrix. *Psychological Bulletin*, 1959,

56（2）：81 – 105.

［128］Cassiman, B. , & Veugelers, R. In search of complementarity in innovation strategy：Internal R&D and external knowledge acquisition. *Management Science*, 2006, 52（1）：68 – 82.

［129］Castro, M. D. Knowledge management and innovation in knowledge – based and high – tech industrial markets：The role of openness and absorptive capacity. *Industrial Marketing Management*, 2015, 47：143 – 146.

［130］Cecere, G. , Rexhäuser, S. , & Schulte, P. From less promising to green? Technological opportunities and their role in（green）ICT innovation. *Economics of Innovation and New Technology*, 2019, 28（1）：45 – 63.

［131］Cederlund, C. Managing meaning in complex business networks. *Industrial Marketing Management*, 2015, 48：89 – 100.

［132］Chandy, R. K. , & Tellis, G. J. Organizing for radical product innovation：The overlooked role of willingness to cannibalize. *Journal of Marketing Research*, 1998, 35（4）：474 – 487.

［133］Chang, C. L. Entrepreneurial orientation, communication strategies, and new product success：A theoretic model. *Academy of Strategic Management Journal*, 2015, 14（1）：1 – 19.

［134］Chao, C. H. , Feng, S. , & Li, F. *The journey from market orientation to new product performance in foreign markets：A knowledge and learning perspective*. New York：Springer International Publishing, 2015.

［135］Chang, W. , Franke, G. R. , Butler, T. D. , Musgrove, C. F. , & Ellinger, A. E. Differential mediating effects of radical and incremental innovation on market orientation – performance relationship：A meta – analysis. *Journal of Marketing Theory & Practice*, 2014, 22（3）：235 – 249.

［136］Chen, M. J. , Lin, H. C. , & Michel, J. G. Navigating in a hypercompetitive environment：The roles of action aggressiveness and TMT integration. *Strategic Management Journal*, 2010, 31（13）：1410 – 1430.

［137］Chen, J. Y. , Reilly, R. R. , & Lynn, G. S. The impacts of speed – to – market on new product success: The moderating effects of uncertainty. *IEEE Transactions on Engineering Management*, 2005, 52 (2): 199 – 212.

[138] Chen, K. H., Wang,, K. H. Huang, S. Z., & Shen, G. C. Service innovation and new product performance: The influence of market – linking capabilities and market turbulence. *International Journal of Production Economics*, 2016, 172: 54 – 64.

[139] Child, J. Strategic choice in the analysis of action, structure, organizations and environment. *Organization Studies*, 1997, 18 (1): 43 – 76.

[140] Christiansen, J. K., & Varnes, C. J. Formal rules in product development: Sensemaking of structured approaches. *The Journal of Product Innovation Management*, 2009, 26 (5): 502 – 519.

[141] Cohen, W. M., & Levinthal, D. A. Innovation and learning: Two faces of R&D. *The Economic Journal*, 1989, 99 (397): 569 – 596.

[142] Cohen, W. M., & Levinthal, D. A. Absorptive capacity: A new perspective on learning and innovation. *Administrative Science Quarterly*, 1990, 35 (1): 128 – 152.

[143] Cohen, W. M., & Levinthal, D. A. Fortune favors the prepared firm. *Management Science*, 1994, 40 (2): 227 – 251.

[144] Collis, D. J. Research note: How valuable are organizational capabilities? *Strategic Management Journal*, 1994, 15 (s1): 143 – 152.

[145] Cooper, R. G. The dimensions of industrial new product success and failure. *Journal of Marketing*, 1979, 43 (3): 93 – 103.

[146] Cornelissen, J. P., & Clarke, J. S. Imagining and rationalizing opportunities: Inductive reasoning and the creation and justification of new ventures. *Academy of Management Review*, 2010, 35 (4): 539 – 557.

[147] Costa, V., & Monteiro, S. Knowledge processes, absorptive capacity and innovation: A mediation analysis. *Knowledge & Process Management*, 2016, 23 (3): 207 – 218.

[148] Cronbach, L. J. , & Meehl, P. E. Construct validity in psychological tests. *Psychological Bulletin*, 1955, 52 (4): 281 – 302.

[149] Daft, R. L. , & Steers, R. M. Organizational analysis: An integration of the macro and micro approaches. *Journal of Management Studies*, 1981, 18 (2): 191 – 218.

[150] Daghfous, A. Absorptive capacity and the implementation of knowledge – intensive best practices. *Advanced Management Journal*, 2004, 69 (2): 21 – 27.

[151] Damanpour, F. Organizational innovation: A meta – analysis of effects of determinants and moderators. *The Academy of Management Journal*, 1991, 34 (3): 555 – 590.

[152] Damanpour, F. , & Gopalakrishnan, S. The dynamics of the adoption of product and process innovations in organizations. *Journal of Management Studies*, 2001, 38 (1): 45 – 65.

[153] Danneels, E. , & Sethi, R. New product exploration under environmental turbulence. *Organization Science*, 2011, 22 (4): 1026 – 1039.

[154] Day, G. S. The capabilities of market – driven organizations. *Journal of Marketing*, 1994, 58 (4): 37 – 52.

[155] Day, G. S. Closing the marketing capabilities gap. *Journal of Marketing*, 2011, 75 (4): 183 – 195.

[156] Dayan, M. , & Basarir, A. Antecedents and consequences of team reflexivity in new product development projects. *Journal of Business & Industrial Marketing*, 2010, 25 (1): 18 – 29.

[157] Dean, T. J. , & Mcmullen, J. S. Toward a theory of sustainable entrepreneurship: Reducing environmental degradation through entrepreneurial action. *Journal of Business Venturing*, 2007, 22 (1): 50 – 76.

[158] Dev, C. S. , Agarwal, S. , & Erramilli, M. K. Market – driven hotel brands: Linking market orientation, innovation, and performance. *Hospitality Review*, 2008, 26 (1): 1 – 9.

[159] Dewar, R, D. &Dutton, J. E. The Adoption of Radical and Incremental Innovations: An Empirical Analysis. *Management Science*, 1986, 32 (11): 1371 – 1520.

[160] Dong, J. K. , & Kogut, B. Technological platforms and diversification. *Organization Science*, 1996, 7 (3): 283 – 301.

[161]. Dosi, G. Sources, procedures, and microeconomic effects of innovation. *Journal of Economic Literature*, 1988, 26 (3): 1120 – 1171.

[162] Droge, C. , Calantone, R. , & Harmancioglu, N. New product success: Is it really controllable by managers in highly turbulent environments? *Journal of Product Innovation Management*, 2008, 25 (3): 272 – 286.

[163] Drucker, P. F. Practice of management. *United Kingdom: Routledge*, 1954.

[164] Drucker, P. F. The age of discontinuity: Guidelines to our changing society. *United Kingdom: Butterworth – Heinemann*, 1969.

[165] Drucker, P. F. Innovation and entrepreneurship. *United Kingdom: Routledge*, 2014.

[166] Drucker P. F. Post – capitalist Society. *New York: Harper – Collins*, 1993.

[167] Du, R. Y. , & Kamakura, W. A. Quantitative trendspotting. *Journal of Marketing Research*, 2012, 49 (8): 514 – 536.

[168] Duncan, R. B. Characteristics of organizational environments and perceived environmental uncertainty. *Administrative Science Quarterly*, 1972, 17 (3): 313 – 327.

[169] Dursun, T. , & Kilic, C. The effect of market orientation on new product performance: The role of strategic capabilities. *Academy of Marketing Studies Journal*, 2015, 19 (3): 169 – 188.

[170] Ebrahim, J. , Behrang, M. , Masoud, S. , & Fatemeh, S. Examining the relationship between technological opportunities, highlight innovative marketing and performance. *Journal of Industrial Management*, 2014, 9 (3):

95 – 111.

[171] Eddleston, K. A. , Kellermanns, F. W. , & Sarathy, R. Resource configuration in family firms: Linking resources, strategic planning and technological opportunities to performance. *Journal of Management Studies*, 2008, 45 (1): 26 – 50.

[172] Erik, B, & Brian, K. Understanding the digital economy: Data, tools, and research. *Cambridge: The MIT Press*, 2000.

[173] Eisenhardt, K. Knowledge – based view: A new theory of strategy? *London: Sage*, 2002.

[174] Ellinger, A. E. , Ketchen, D. J. , Hult, G. T. M. , Elmadağ, A. B. , & Richey, R. G. Market orientation, employee development practices, and performance in logistics service provider firms. *Industrial Marketing Management*, 2008, 37 (4): 353 – 366.

[175] Ellis, P. D. Market orientation and performance: A meta – analysis and cross – national comparisons. *Journal of Management Studies*, 2006, 43 (5): 1089 – 1107.

[176] Ellis, P. D. Distance, dependence and diversity of markets: Effects on market orientation. *Journal of International Business Studies*, 2007, 38 (3): 374 – 386.

[177] Enos, J. L. Invention and innovation in the petroleum refining industry. *Nber Chapters*, 1962, 27 (8): 299 – 322.

[178] Fornell, C. , & Larcker, D. F. Evaluating structural equation models with unobservable and measuremenr error. *Journal of Marketing Research*, 1981, 18 (1): 39 – 50.

[179] Fosfuri, A. , & Tribó, J. A. Exploring the antecedents of potential absorptive capacity and its impact on innovation performance. *Omega*, 2008, 36 (2): 173 – 187.

[180] Freeman, C. , & Soete, L. The Economics of Industrial Innovation. *Frances Pinter*, 1997.

[181] Galbraith, J. R. Designing complex organizations. *Massachusetts*: *Addison - Wesley Pub. Co*, 1973.

[182] Garcia, R. , & Calantone, R. A critical look at technological innovation typology and innovativeness terminology: A literature review. *Journal of Product Innovation Management*, 2002, 19 (2): 110 – 132.

[183] Garrido, I. L. , Parente, R. C. , & Goncalo, C. R. Remaining innovative: The role of past performance, absorptive capacity, and internationalization. *Brazilan Business Review*, 2017, 14 (6): 559 – 573.

[184] Gatignon, H. , & Xuereb, J. M. Strategic orientation of the firm and new product performance. *Journal of Marketing Research*, 1997, 34 (1): 327 – 332.

[185] Geroski, P. A. Innovation, technological opportunity, and market structure. *Oxford Economic Papers*, 1990, 42 (3): 586 – 602.

[186] Geroski, P. , & Reenen, J. V. The profitability of innovating firms. *The Rand Journal of Economics*, 1993, 24 (2): 198 – 211.

[187] Ghiselli, E. , Campbell, J. , & Zedeck, S. Measurement theory for the behavioral sciences. *San Fransisco*: *W. H. Freeman*, 1981.

[188] Gilbert, C. G. Unbundling the structure of inertia: Resource versus routine rigidity. *Academy of Management Journal*, 2005, 48 (5): 741 – 763.

[189] Gioia, D. A. , & Chittipeddi, K. Sensemaking and sensegiving in strategic change initiation. *Strategic Management Journal*, 1991, 12 (6): 433 – 448.

[190] Gioia, D. A. , Thomas, J. B. , Clark, S. M. , & Chittipeddi, K. Symbolism and strategic change in academia: The dynamics of sensemaking and influence. *Organization Science*, 1994, 5 (3): 363 – 383.

[191] Gluch, P. , Gustafsson, M. , & Thuvander, L. An absorptive capacity model for green innovation and performance in the construction industry. *Construction Management & Economics*, 2009, 27 (5): 451 – 464.

[192] Goto, A. Japan's national innovation system: current status and problems. *Oxford Review of Economic Policy*, 2000, 16 (2): 103 – 113.

[193] Grant, R. M. Toward a knowledge – based theory of the firm. *Strategic Management Journal*, 1996, 17 (s): 109 – 122.

[194] Greenley, G. E. Forms of market orientation in UK companies. *Journal of Management Studies*, 1995, 32 (1): 47 – 66.

[195] Greer, L. L., & Jehn, K. A. The pivotal role of negative affect in understanding the effects of process conflict on group performance. *Research on Managing Groups and Teams*, 2007, 10 (1): 21 – 43.

[196] Grewal, R., & Tansuhaj, P. Building organizational capabilities for managing economic crisis: The role of market orientation and strategic flexibility. *Journal of Marketing*, 2001, 65 (2): 67 – 80.

[197] Griffin, A. Metrics for measuring product development cycle time. Journal of *Product Innovation Management*, 1993, 10 (2): 112 – 125.

[198] Grimpe, C., & Kaiser, U. Balancing internal and external knowledge acquisition: The gains and pains from R&D outsourcing. *Journal of Management Studies*, 2010, 47 (8): 1483 – 1509.

[199] Guan, J., & Chen, K. Modeling the relative efficiency of national innovation systems. *Research Policy*, 2012, 41 (1): 102 – 115.

[200] Guimaraes, T., Thielman, B., Guimaraes, V. C., & Cornick, M. Absorptive capacity as moderator for company innovation success. *International Journal of the Academic Business World*, 2016, 10 (2): 1 – 18.

[201] Guo, H., Xu, H., Tang, C., Liu – Thompkins, Y., Guo, Z., & Dong, B. Comparing the impact of different marketing capabilities: Empirical evidence from B2B firms in China. *Journal of Business Research*, 2018, 85 (4): 1 – 42.

[202] Hagedoorn, J., & Cloodt, M. Measuring innovative performance: is there an advantage in using multiple indicators? *Research Policy*, 2003, 32 (8): 1365 – 1379.

[203] Hair, J. F., Ringle, C. M., & Sarstedt, M. PLS – SEM: Indeed a silver bullet. *Journal of Marketing Theory & Practice*, 2011, 19 (2): 139 – 152.

[204] Hakonsson, D. D., Eskildsen, J. K., Argote, L., Mønster, D., Burton, R. M., & Obel, B. Exploration versus exploitation: Emotions and performance as antecedents and consequences of team decisions. *Strategic Management Journal*, 2016, 37 (6): 985 – 1001.

[205] Hambrick, D. C., Cho, T. S., & Chen, M. J. The influence of top management team heterogeneity on firms' competitive moves. *Administrative Science Quarterly*, 1996, 41 (4): 659 – 684.

[206] Hansen, J. A. Innovation, firm size, and firm age. *Small Business Economics*, 1992, 4 (1): 37 – 44.

[207] Harman, D. A single factor test of common method variance. *Journal of Psychology Interdisciplinary & Applied*, 1967, 35 (1): 359 – 378.

[208] Hart, S. L., & Dowell, G. Invited editorial: A natural – resource – based view of the firm fifteen years after. *Journal of Management*, 2011, 37 (5): 1464 – 1479.

[209] Hauser, J., Tellis, G. J., & Griffin, A. Research on innovation: A review and agenda for marketing science. *Marketing Science*, 2006, 25 (6): 687 – 717.

[210] Hayes, A. F. Introduction to mediation, moderation, and conditional process analysis: A regression – based approach. *Journal of Educational Measurement*, 2013, 51 (3): 335 – 337.

[211] Hee, O. C., Hui, O. K., Rizal, A. M., Kowang, T. O., & Fei, G. C. Determinants of innovative performance in the service industry: A review. *International Journal of Academic Research in Business & Social Science*, 2018, 8 (6): 379 – 388.

[212] Helfat, C. E. Know – how and asset complementarity and dynamic capability accumulation: The case of R&D. *Strategic Management Journal*,

1997, 18（5）: 339 – 360.

［213］ Henard, D. H. , & Szymanski, D. M. Why some new products are more successful than others. *Journal of Marketing Research*, 2001, 38（3）: 362 – 375.

［214］ Henneberg, S. C. , Naude, P. , & Mouzas, S. Sense – making and management in business networks – some observations, considerations, and a research agenda. *Industrial Marketing Management*, 2010, 39（3）: 355 – 360.

［215］ Hill, R. C. , & Levenhagen, M. Metaphors and mental models: Sensemaking and sensegiving in innovative and entrepreneurial activities. *Journal of Management*, 1995, 21（6）: 1057 – 1074.

［216］ Hillman, A. J. , Withers, M. C. , & Collins, B. J. Resource dependence theory: A review. *Journal of Management*, 2009, 35（6）: 1404 – 1427.

［217］ Hjalager, A. M. A review of innovation research in tourism. *Tourism Management*, 2010, 31（1）: 1 – 12.

［218］ Huang, J. W. , & Li, Y. H. The mediating effect of knowledge management on social interaction and innovation performance. *International Journal of Manpower*, 2009, 30（3）: 285 – 301.

［219］ Huergo, E. , & Jaumandreu, J. How does probability of innovation change with firm age? *Small Business Economics*, 2004, 22（3）: 193 – 207.

［220］ Hughes, M. , & Morgan, R. E. Deconstructing the relationship between entrepreneurial orientation and business performance at the embryonic stage of firm growth. *Industrial Marketing Management*, 2007, 36（5）: 651 – 661.

［221］ Huhtala, J. P. , Vaniala, I. , & Tikkanen, H. Market orientation and innovation in dynamic competitive markets. *New York: Springer Publishing*, 2016.

［222］Hult, G. T. M. , Hurley, R. F. , & Knight, G. A. Innovativeness: Its antecedents and impact on business performance. *Industrial Marketing Management*, 2004, 33 (5): 429 – 438.

［223］Im, S. , & Workman, J. P. Market orientation, creativity, and new product performance in high – technology firms. *Journal of Marketing*, 2004, 68 (2): 114 – 132.

［224］Intarakumnerd, P. , Chairatana, P. , & Tagnchitpiboon, T. National innovation systems in less successful developing countries: The case of Thailand. *Research Policy*, 2002, 31 (8 – 9): 1445 – 1457.

［225］Iyengar, K. , Sweeney, J. R. , & Montealegre, R. Information technology use as a learning mechanism: The impact of it use on knowledge transfer effectiveness, absorptive capacity, and franchisee performance. *Mis Quarterly*, 2015, 39 (3): 615 – 641.

［226］Jaworski, B. , & Kohli, A. K. Market orientation: Antecedents and consequences. *Journal of Marketing*, 1993, 57 (3): 53 – 70.

［227］Jaworski, B. , Kohli, A. K. , & Sahay, A. Market – driven versus driving markets. *Journal of the Academy of Marketing Science*, 2000, 28 (1): 45 – 54.

［228］Jimenez – Zarco, A. I. , Martinez – Ruiz, M. P. , & Izquierdo – Yusta, A. The impact of market orientation dimensions on client cooperation in the development of new service innovations. *European Journal of Marketing*, 2011, 45 (2): 43 – 67.

［229］Joaquin, A. , Rafael, L. , & Ricardo, C. A measurement scale for product innovation performance. *European Journal of Innovation Management*, 2006, 9 (4): 333 – 346.

［230］Kandemir, D. , Yaprak, A. , & Cavusgil, S. T. Alliance orientation: Conceptualization, measurement, and impact on market performance. *Journal of the Academy of Marketing Science*, 2006, 34 (3): 324 – 340.

［231］Kasper, H. Culture and leadership in market – oriented service organisations. *European Journal of Marketing*, 2002, 36 (9/10): 1047 – 1057.

[232] Kelm, K. M., Narayanan, V. K., & Pinches, G. E. The response of capital markets to the R&D process. *Technological Forecasting & Social Change*, 1995, 49 (1): 75 – 88.

[233] Kiesler, S., & Sproull, L. Managerial response to changing environments: Perspectives on problem sensing from social cognition. *Administrative Science Quarterly*, 1982, 27 (4): 548 – 570.

[234] Kim, D. Y., Kumar, V., & Kumar, U. Relationship between quality management practices and innovation. *Journal of Operations Management*, 2012, 30 (4): 295 – 315.

[235] Kirca, A. H., Jayachandran, S., & Bearden, W. O. Market orientation: A meta – analytic review and assessment of its antecedents and impact on performance. *Journal of Marketing*, 2005, 69 (2): 24 – 41.

[236] Klein, G., Wiggins, S., Dominguez, C. O., Klein, G., Wiggins, S., & Dominguez, C. O. Team sensemaking. *Theoretical Issues in Ergonomics Science*, 2010, 11 (4): 304 – 320.

[237] Klevorick, A. K., Levin, R. C., Nelson, R. R., & Winter, S. G. On the sources and significance of interindustry differences in technological opportunities. *Research Policy*, 1995, 24 (2): 185 – 205.

[238] Knudsen, M. P. The relative importance of interfirm relationships and knowledge transfer for new product development success. *Journal of Product Innovation Management*, 2007, 24 (2): 117 – 138.

[239] Koeller, C. T. Technological opportunity and the relationship between innovation output and market structure. *Managerial & Decision Economics*, 2005, 26 (3): 209 – 222.

[240] Koellinger, P. The relationship between technology, innovation, and firm performance—Empirical evidence from e – business in Europe. *Research Policy*, 2008, 37 (8): 1317 – 1328.

[241] Kogut, B. , & Zander, U. Knowledge of the firm, combinative capabilities, and the replication of technology. *Organization Science*, 1992, 3 (3): 383 – 397.

[242] Kohli, A. K. , & Jaworski, B. J. Market orientation: The construct, research propositions, and managerial implications. *Journal of Marketing*, 1990, 54 (2): 1 – 18.

[243] Kohli, A. K. , & Jaworski, B. J. The influence of coworker feedback on salespeople. *Journal of Marketing*, 1994, 58 (4): 82 – 94.

[244] Kotabe, M. , Jiang, C. X. , & Murray, J. Y. Managerial ties, knowledge acquisition, realized absorptive capacity and new product market performance of emerging multinational companies: A case of China. *Journal of World Business*, 2011, 46 (2): 166 – 176.

[245] Kotler. P. Principles of marketing. *New Jersey: Prentice Hall*, 1994.

[246] Koufteros, X. A. Testing a model of pull production: A paradigm for manufacturing research using structural equation modeling. *Journal of Operations Management*, 1999, 17 (4): 467 – 488.

[247] Kumar, V. , Jones, E. , Venkatesan, R. , & Leone, R. P. Is market orientation a source of sustainable competitive advantage or simply the cost of competing? *Journal of Marketing*, 2011, 75 (1): 16 – 30.

[248] Kumar, N. & Siddharthan, N. S. Technology, market structure and internationalization. *United Kingdom: Routledge*, 1997.

[249] Lai, C. J. The effect of individual market orientation on sales performance: An integrated framework for assessing the role of formal and informal communications. *Journal of Marketing Theory & Practice*, 2016, 24 (3): 328 – 343.

[250] Lane, P. J. , Koka, B. R. , & Pathak, S. The reification of absorptive capacity: A critical review and rejuvenation of the construct. *Academy of Management Review*, 2006, 31 (4): 833 – 863.

[251] Lane, P. J., & Lubatkin, M. Relative absorptive capacity and interorganizational learning. *Strategic Management Journal*, 1998, 19 (5): 461 –477.

[252] Lane, P. J., Salk, J. E., & Lyles, M. A. Absorptive capacity, learning, and performance in international joint ventures. *Strategic Management Journal*, 2001, 22 (12): 1139 –1161.

[253] Langerak, F., Hultink, E. J., & Robben, H. S. The impact of market orientation, product advantage, and launch proficiency on new product performance and organizational performance. *Journal of Product Innovation Management*, 2004, 21 (2): 79 –94.

[254] Lau, A. K. W., & Lo, W. Regional innovation system, absorptive capacity and innovation performance: An empirical study. *Technological Forecasting & Social Change*, 2015, 92 (3): 99 –114.

[255] Lau, A. K. W., Yam, R. C. M., & Tang, E. The impact of product modularity on new product performance: Mediation by product innovativeness. *Journal of Product Innovation Management*, 2011, 28 (2): 270 –284.

[256] Lawshe, C. H. A quantitative approach to content validity. *Personnel Psychology*, 1975, 28 (4): 563 –575.

[257] Ledwith, A., & O' Dwyer, M. Market orientation, NPD performance, and organizational performance in small firms. *Journal of Product Innovation Management*, 2009, 26 (6): 652 –661.

[258] Lee, W. B., & Katzorke, M. Leading effective supply chain transformations: A guide to sustainable world – class capability and results. *Ft. Lauderdale: J Ross Pub*, 2010.

[259] Lepoutre, J., & Heene, A. Investigating the impact of firm size on small business social responsibility: A critical review. *Journal of Business Ethics*, 2006, 67 (3): 257 –273.

[260] Leten, B., Belderbos, R., & Looy, B. V. Entry and technologi-

cal performance in new technology domains: Technological opportunities, technology competition and technological relatedness. *Journal of Management Studies*, 2016, 53 (8): 1257 – 1291.

[261] Lewandowska, M. S. Capturing absorptive capacity: Concepts, determinants, measurement modes and role in open innovation. *International Journal of Management & Economics*, 2015, 45 (1): 32 – 56.

[262] Li, H., & Atuahene – Gima, K. Product innovation strategy and the performance of new technology ventures in China. *Academy of Management Journal*, 2001, 44 (6): 1123 – 1134.

[263] Li, T., & Calantone, R. J. The impact of market knowledge competence on new product advantage: Conceptualization and empirical examination. *Journal of Marketing*, 1998, 62 (4): 13 – 29.

[264] Li, Y., Lee, S. H., Li, X., & Liu, Y. Knowledge codification, exploitation, and innovation: The moderating influence of organizational controls in Chinese firms. *Management & Organization Review*, 2010, 6 (2): 219 – 241.

[265] Li, Y. P., & Tsai, Y. Y. Proceedings from NEDSI'11: Proceedings for the Northeast Region Decision Sciences Institute. *Montréal, Canada: Decision Sciences Institute*, 2011.

[266] Lichtenthaler, U. Absorptive capacity, environmental turbulence, and the complementarity of organizational learning processes. *Academy of Management Journal*, 2009, 52 (4): 822 – 846.

[267] Lichtenthaler, U. Determinants of absorptive capacity: The value of technology and market orientation for external knowledge acquisition. *Journal of Business & Industrial Marketing*, 2016, 31 (5): 600 – 610.

[268] Lin, R. J., Che, R. H., & Ting, C. Y. Turning knowledge management into innovation in the high – tech industry. *Industrial Management & Data Systems*, 2012, 112 (1): 42 – 63.

[269] Lin, H. F., Su, J. Q., & Higgins, A. How dynamic capabilities

affect adoption of management innovations. *Journal of Business Research*, 2016, 69 (2): 862 – 876.

[270] Lindblom, A. T. , Olkkonen, R. M. , Mitronen, L. , & Kajalo, S. Market – sensing capability and business performance of retail entrepreneurs. *Contemporary Management Research*, 2008, 4 (3): 219 – 236.

[271] Linton, J. D. , & Walsh, S. T. A theory of innovation for process – based innovations such as nanotechnology. *Technological Forecasting and Social Change*, 2008, 75 (5): 583 – 594.

[272] Lu, C. S. , Lai, K. H. , & Cheng, T. C. E. Application of structural equation modeling to evaluate the intention of shippers to use internet services in liner shipping. *European Journal of Operational Research*, 2007, 180 (2): 845 – 867.

[273] Luca, L. M. D. , & Atuahene – Gima, K. Market knowledge dimensions and cross – functional collaboration: Examining the different routes to product innovation performance. *Journal of Marketing*, 2007, 71 (1): 95 – 112.

[274] Lukas, B. A. , & Ferrell, O. C. The effect of market orientation on product Innovation. *Journal of the Academy of Marketing Science*, 2000, 28 (2): 239 – 247.

[275] Luo, Y. Determinants of local responsiveness: Perspectives from foreign subsidiaries in an emerging market. *Journal of Management*, 2001, 27 (4): 451 – 477.

[276] Mahmoud, M. A. , Blankson, C. , Owusu – Frimpong, N. , Nwankwo, S. , & Trang, T. P. Market orientation, learning orientation and business performance. *International Journal of Bank Marketing*, 2016, 34 (5): 623 – 648.

[277] Maitlis, S. , & Sonenshein, S. Sensemaking in crisis and change: Inspiration and insights from Weick (1988). *Journal of Management Studies*, 2010, 47 (3): 551 – 580.

[278] Makadok, R. Toward a synthesis of the resource – based and dynamic – capability view of rent creation. *Strategic Management Journal*, 2001, 22 (5): 387 – 401.

[279] March, J. G., & Simon, H. A. Organizations revisited. *Industrial & Corporate Change*, 1993, 2 (1): 299 – 316.

[280] Martín – Consuegra, D., & Esteban, Á. Market orientation and business performance: An empirical investigation in the airline industry. *Journal of Air Transport Management*, 2007, 13 (6): 383 – 386.

[281] Mason, C. H., & Perreault, W. D. Collinearity, power, and interpretation of multiple regression analysis. *Journal of Marketing Research*, 1991, 28 (3): 268 – 280.

[282] Mcdonald, R. E., & Madhavaram, S. What firms learn depends on what firms know: The implications of prior knowledge for market orientation. *Marketing Management Journal*, 2007, 17 (1): 171 – 183.

[283] McGrath, R. G., & MacMillan, I. C. Defining and developing competence: A strategic process paradigm. *Strategic Management Journal*, 1995, 16 (4): 251 – 275.

[284] Mckelvey, M. Firms navigating through innovation spaces: A conceptualization of how firms search and perceive technological, market and productive opportunities globally. *Journal of Evolutionary Economics*, 2016, 26 (4): 785 – 802.

[285] Menguc, B., & Auh, S. Development and return on execution of product innovation capabilities: The role of organizational structure. *Industrial Marketing Management*, 2010, 39 (5): 820 – 831.

[286] Metcalfe s, Ramlogan R. Innovation S ystems and the Competitive Process in Deve loping Economies. *The Quarterly Review of Economics and Finance*, 2008, 43 (2): 433 – 446.

[287] Miller, D. The structural and environmental correlates of business strategy. *Strategic Management Journal*, 1987, 8 (1): 55 – 76.

［288］ Miller, D. Industry and country effects on managers' perceptions of environmental uncertainties. *Journal of International Business Studies*, 1993, 24 (4): 693 –714.

［289］ Miller, C. C. , Cardinal, L. B. , & Glick, W. H. Retrospective reports in organizational research: A reexamination of recent evidence. *Academy of Management Journal*, 1997, 40 (1): 189 –204.

［290］ Minbaeva, D. , Pedersen, T. , Björkman, I. , Fey, C. F. , & Park, H. J. MNC knowledge transfer, subsidiary absorptive capacity and HRM. *Journal of International Business Studies*, 2003, 34 (6): 586 –599.

［291］ Mohr, J. , Sengupta, S. , & Slater, S. *Marketing of high technology products and innovations.* United States: Prentice Hall, 2010.

［292］ Moorman, C. , & Miner, A. S. The impact of organizational memory on new product performance and creativity. *Journal of Marketing Research*, 1997, 34 (1): 91 –106.

［293］ Morah, E. , Wilson, J. , & Tzempelikos, N. Proceedings from AMC'15: The Academy of Marketing Conference. *Limerick, Ireland: Limerick University*, 2015.

［294］ Morgan, R. E. , & Strong, C. A. Market orientation and dimensions of strategic orientation. *European Journal of Marketing*, 1998, 32 (11/12): 1051 –1073.

［295］ Mowery, D. C. , Oxley, J. E. , & Silverman, B. S. Strategic alliances and interfirm knowledge transfer. *Strategic Management Journal*, 1996, 17 (s2): 77 –91.

［296］ Mu, J. Marketing capability, organizational adaptation and new product development performance. *Industrial Marketing Management*, 2015, 49: 151 –166.

［297］ Mu, J. , & Di Benedetto, A. Networking capability and new product development. *IEEE Transactions on Engineering Management*, 2012, 59 (1): 4 –19.

［298］Nakata, C. , Zhu, Z. , & Izberk – Bilgin, E. Integrating marketing and information services functions: A complementarity and competence perspective. *Journal of the Academy of Marketing Science*, 2011, 39 (5): 700 – 716.

［299］Narver, J. C. , & Slater, S. F. The effect of a market orientation on business profitability. *Journal of Marketing*, 1990, 54 (4): 20 – 35.

［300］Ngo, L. V. , & O'Cass, A. Creating value offerings via operant resource – based capabilities. *Industrial Marketing Management*, 2009, 38 (1): 45 – 59.

［301］Nickerson, J. A. , & Zenger, T. R. A knowledge – based theory of the firm: The problem – solving perspective. *Organization Science*, 2004, 15 (6): 617 – 632.

［302］Nieto, M. , & Quevedo, P. Absorptive capacity, technological opportunity, knowledge spillovers, and innovative effort. *Technovation*, 2005, 25 (10): 1141 – 1157.

［303］Nonaka, I. , & Konno, N. The concept of "ba": Building a foundation for knowledge creation. *California Management Review*, 1998, 40 (3): 40 – 54.

［304］Nunnally, J. C. *Psychometric theory*. New York: McGraw – Hill, 1978.

［305］Nunnally, J. C. , & Bernstein, I. Psychometric theory. *New York: McGraw – Hill*, 1994.

［306］OECD. Oslo manual – guidelines for collecting and interpreting innovation data (3rd edition). *Paris: OECD Publishing*, 2005.

［307］OECD. Innovation for development. *Paris: OECD Publishing*, 2012.

［308］Oerlemans, L. A. , Meeus, M. T. , & Boekema, F. W. Do networks matter for innovation? the usefulness of the economic network approach in analysing innovation. *Journal of Economic and Social Geography*, 1998, 89 (3): 298 – 309.

[309] Olson, E. M. , Slater, S. F. , & Hult, G. T. M. The performance implications of fit among business strategy, marketing organization structure, and strategic behavior. *Journal of Marketing*, 2005, 69 (3): 49 –65.

[310] Oomens, M. J. H. , & Bosch, F. A. J. V. D. Strategic issue management in major european – based companies. *Long Range Planning*, 1999, 32 (1): 49 –57.

[311] Ozer, M. , & Zhang, W. The effects of geographic and network ties on exploitative and exploratory product innovation. *Strategic Management Journal*, 2014, 36 (5): 1105 –1114.

[312] Panigyrakis, G. G. , & Theodoridis, P. K. Market orientation and performance: An empirical investigation in the retail industry in Greece. *Journal of Retailing & Consumer Services*, 2007, 14 (2): 137 –149.

[313] Pelham, A. M. Mediating influences on the relationship between market orientation and profitability in small industrial firms. *Journal of Marketing Theory & Practice*, 1997, 5 (3): 55 –76.

[314] Pelham, A. M. , & Wilson, D. T. A longitudinal study of the impact of market structure, firm structure, strategy, and market orientation culture on dimensions of small – firm performance. *Journal of the Academy of Marketing Science*, 1996, 24 (1): 27 –43.

[315] Penrose, E. T. The theory of growth of the firm. *United States*: *Blackwell*, 1980.

[316] Peteraf, M. A. The cornerstones of competitive advantage: A resource – based view. *United States*: *Northwestern University*, 1993.

[317] Pino, R. M. , & Ortega, A. M. Regional innovation systems: Systematic literature review and recommendations for future research. *Cogent Business & Management*, 2018, 5 (1): 1463606.

[318] Podsakoff, P. M. , MacKenzie, S. B. , Jeong – Yeon, L. , & Podsakoff, N. P. Common method biases in behavioral research: A critical review of the literature and recommended remedies. *Journal of Applied Psychol-*

ogy, 2003, 88 (5): 879 – 903.

[319] Porter, M. E. Competitive strategy. *New York*: *Free Press*, 1980.

[320] Poulis, K. , & Poulis, E. Polyethnic market orientation and performance: A fast – moving consumer goods perspective. *Journal of Marketing Management*, 2012, 28 (5 – 6): 609 – 628.

[321] Prescott, J. F. , & Hulland, T. J. Demographic analysis of the veterinary profession in Canada. *Canadian Veterinary Journal La Revue Veterinaire Canadienne*, 1999, 40 (1): 5 – 6.

[322] Rafaeli, A. , Ravid, S. , & Cheshin, A. Sensemaking in virtual teams: The impact of emotions and support tools on team mental models and team performance. *International Review of Industrial and Organizational Psychology*, 2009, 24 (1): 151 – 182.

[323] Raju, P. S. , Lonial, S. C. , & Gupta, Y. P. Market orientation and performance in the hospital industry. *Journal of Health Care Marketing*, 1995, 15 (4): 34 – 41.

[324] Rangus, K. , Dnrovsek, M. , Diminin, A. , & Spithoven, A. The role of open innovation and absorptive capacity in innovation performance: Empirical evidence from Slovenia. *Journal for East European Management Studies*, 2017, 22 (1): 1 – 24.

[325] Rochford, L. Generating and screening new products ideas. *Industrial Marketing Management*, 1991, 20 (4): 287 – 296.

[326] Rouleau, L. , & Balogun, J. Middle managers, strategic sensemaking, and discursive competence. *Journal of Management Studies*, 2011, 48 (5): 953 – 983.

[327] Rumelt, R. P. Toward a strategic theory of the firm. *Competitive Strategic Management*, 1984, 26: 556 – 570.

[328] Ryzhkova, N. , & PesÄMaa, O. Absorptive capacity, collaboration with customers and innovation performance of gazelle companies in knowledge – intensive industries. *International Journal of Innovation Management*,

2015, 19 (5): 1 - 27.

[329] Saeed, N. - T., Hossein, S., & Zhaleh, N. - T. Market orientation, marketing capability, and new product performance: The moderating role of absorptive capacity. *Journal of Business Research*, 2016, 69 (11): 5059 - 5064.

[330] Sands, S., & Warwick, K. M. Successful business innovation: A survey of current professional views. *California Management Review*, 1977, 20 (2): 5 - 16.

[331] Santos - Vijande, M. L., & Álvarez - González, L. I. Innovativeness and organizational innovation in total quality oriented firms: The moderating role of market turbulence. *Technovation*, 2007, 27 (9): 514 - 532.

[332] Schumpeter, J. A. The theory of cconomic development: An inquiry into profits, capital, credit, interest, and the business cycle. *New Jersey*: *Transaction Publishers*, 1934.

[333] Scott, S. G., & Bruce, R. A. Determinants of innovative behavior: A path model of individual innovation in the workplace. *Academy of Management Journal*, 1994, 37 (3): 580 - 607.

[334] Sekaran, U. *Research methods for business: A skill building approach.* New Jersey: John Wiley, 2000.

[335] Shane, S., & Venkataraman, S. The promise of entrepreneurship as a field of research. *Academy of Management Review*, 2000, 25 (1): 217 - 226.

[336] Sheng, M. L. A dynamic capabilities - based framework of organizational sensemaking through combinative capabilities towards exploratory and exploitative product innovation in turbulent environments. *Industrial Marketing Management*, 2017, 65: 28 - 38.

[337] Sharma, C. R&D and firm performance: evidence from the Indian pharmaceutical industry. *Journal of the Asia Pacific Economy*, 2012, 17 (2): 332 - 342.

［338］Sicotte, H. , Drouin, N. , & Delerue, H. Marketing and technology strategies for innovative performance. *International Journal of Managing Projects in Business*, 2012, 5 (2): 195 – 215.

［339］Slater, S. F. , Mohr, J. J. , & Sengupta, S. Radical product innovation capability: Literature review, synthesis, and illustrative research propositions. *Journal of Product Innovation Management*, 2013, 31 (3): 552 – 566.

［340］Slater, S. F. , & Narver, J. C. Does competitive environment moderate the market orientation – performance relationship? *Journal of Marketing*, 1994, 58 (1): 46 – 55.

［341］Slater, S. F. , & Narver, J. C. Market orientation and the learning organization. *Journal of Marketing*, 1995, 59 (3): 63 – 74.

［342］Slater, S. F. , & Narver, J. C. Customer – led and market – oriented: Let's not confuse the two. *Strategic Management Journal*, 1998, 19 (10): 1001 – 1006.

［343］Sloan, B. Innovation union. A pocket guide on a Europe 2020 initiative. *Brussels: European Commission*, 2013.

［344］Sobel, M. E. Asymptotic confidence intervals for indirect effects in structural equation models. *Sociological Methodology*, 1982, 13 (13): 290 – 312.

［345］Sok, P. , & O'Cass, A. Examining the new product innovation performance relationship: Optimizing the role of individual – level creativity and attention – to – detail. *Industrial Marketing Management*, 2015, 47: 156 – 165.

［346］Song, M. , & Montoyaweiss, M. M. The effect of perceived technological uncertainty on Japanese new product development. *Academy of Management Journal*, 2001, 44 (1): 61 – 80.

［347］Song, X. M. , & Parry, M. E. A cross – national comparative study of new product development processes: Japan and the United States. *Jour-*

nal of Marketing, 1997, 61 (2): 1-18.

[348] Song, J., Wei, Y., & Wang, R. Market orientation and innovation performance: The moderating roles of firm ownership structures. *International Journal of Research in Marketing*, 2015, 32 (3): 319-331.

[349] Srinivasan, R., Lilien, G. L., & Rangaswamy, A. Technological opportunism and radical technology adoption: An application to e-business. *Journal of Marketing*, 2002, 66 (3): 47-60.

[350] Stigliani, I., & Ravasi, D. Organizing thoughts and connecting brains: Material practices and the transition from individual to group-level prospective sensemaking. *Academy of Management Journal*, 2012, 55 (5): 1232-1259.

[351] Subramaniam, M., & Youndt, M. A. The influence of intellectual capital on the types of innovative capabilities. *Academy of Management Journal*, 2005, 48 (3): 450-463.

[352] Szulanski, G. Exploring internal stickiness: Impediments to the transfer of best practice within the firm. *Strategic Management Journal*, 1996, 17 (s): 27-43.

[353] Tapscott D. The digital economy: Promise and peril in the age of networked intelligence. *New York: Mc GrawHill*, 1996.

[354] Teece, D. J. Explicating dynamic capabilities: The nature and microfoundations of (sustainable) enterprise performance. *Strategic Management Journal*, 2007, 28 (13): 1319-1350.

[355] Teulier, R., & Rouleau, L. Middle managers' sensemaking and interorganizational change initiation: Translation spaces and editing practices. *Journal of Change Management*, 2013, 13 (3): 308-337.

[356] Toby E. Stuart, Joel M. Podolny. Local search and the evolution of technological capabilities. *Strategic Management Journal*, 1996, 17 (S1): 21-38.

[357] Tödtling, F., Lehner, P., & Kaufmann, A. Do different types of

innovation rely on specific kinds of knowledge interactions? *Technovation*, 2009, 29 (1): 59 –71.

[358] Tortoriello, M. The social underpinnings of absorptive capacity: The moderating effects of structural holes on innovation generation based on external knowledge. *Strategic Management Journal*, 2015, 36 (4): 586 –597.

[359] Troilo, G., Luca, L. M. D., & Atuahene – Gima, K. More innovation with less? A strategic contingency view of slack resources, information search, and radical innovation. *Journal of Product Innovation Management*, 2014, 31 (2): 259 –277.

[360] Tsai, W. Knowledge transfer in intraorganizational networks: Effects of network position and absorptive capacity on business unit innovation and performance. *Academy of Management Journal*, 2001, 44 (5): 996 – 1004.

[361] Tsai, K. H., & Yang, S. Y. Firm innovativeness and business performance: The joint moderating effects of market turbulence and competition. *Industrial Marketing Management*, 2013, 42 (8): 1279 – 1294.

[362] Verona, G., & Ravasi, D. Unbundling dynamic capabilities: An exploratory study of continuous product innovation. *Industrial and Corporate Change*, 2003, 12 (3): 577 –606.

[363] Voola, R., Casimir, G., Carlson, J., & Agnihotric, M. A. The effects of market orientation, technological opportunism, and e – business adoption on performance: A moderated mediation analysis. *Australasian Marketing Journal*, 2012, 20 (2): 136 – 146.

[364] Wang, C. L, & Ahmed, P. K. Dynamic capabilities: A review and research agenda. *International Journal of Management Reviews*, 2007, 9 (1): 31 –51.

[365] Wang, C. H., Chen, K. Y., & Chen, S. C. Total quality management, market orientation and hotel performance: The moderating effects of external environmental factors. *International Journal of Hospitality Manage-*

ment, 2012, 31 (1): 119 – 129.

[366] Wang, G., Dou, W., Zhu, W., & Zhou, N. The effects of firm capabilities on external collaboration and performance: The moderating role of market turbulence. *Journal of Business Research*, 2015, 68 (9): 1928 – 1936.

[367] Wang, C. L., & Rafiq, M. Ambidextrous organizational culture, contextual ambidexterity and new product innovation: A comparative study of UK and Chinese high – tech firms. *British Journal of Management*, 2014, 25 (1): 58 – 76.

[368] Webster, F. E., & Institute, M. S. Rediscovering the marketing concept. *Business Horizons*, 1988, 31 (3): 29 – 39.

[369] Weick, K. E. The collapse of sensemaking in organizations: The Mann Gulch disaster. *Administrative Science Quarterly*, 1993, 38 (4): 628 – 652.

[370] Weick, K. E. Sensemaking in organizations. *London: Sage Publications*, 1995.

[371] Weick, K. E. Organized sensemaking: A commentary on processes of interpretive work. *Human Relations*, 2012, 65 (1): 141 – 153.

[372] Weick, K. E. Sutcliffe, K. M., & Obstfeld, D. Organizing and the process of sensemaking. *Organization Science*, 2005, 16 (4): 409 – 421.

[373] Weitzman, M. L. The Noah's ark problem. *Econometrica*, 1998, 66 (6): 1279 – 1298.

[374] Welson, R. R., & Winter, S. G. *An evolutionary theory of economic change*. Massachusetts: Harvard University Press, 1982.

[375] Wernerfelt, B. A resource – based view of the firm. *Strategic Management Journal*, 1984, 5 (2): 171 – 180.

[376] White, S. Competition, capabilities, and the make, buy, or ally decisions of Chinese state – owned firms. *Academy of Management Journal*, 2000, 43 (3): 324 – 341.

［377］Whiteman, G. , & Cooper, W. H. Ecological sensemaking. *Academy of Management Journal*, 2011, 54 (5): 889 – 911.

［378］Wiklund, J. , & Shepherd, D. Aspiring for, and achieving growth: The moderating role of resources and opportunities. *Journal of Management Studies*, 2003, 40 (8): 1919 – 1941.

［379］Wind, J. , & Mahajan, V. Issues and opportunities in new product development: An introduction to the special issue. *Journal of Marketing Research*, 1997, 34 (1): 1 – 12.

［380］Xie, X. , Zou, H. , & Qi, G. Knowledge absorptive capacity and innovation performance in high – tech companies: A multi – mediating analysis. *Journal of Business Research*, 2018, 88: 289 – 297.

［381］Yam, R. C. M. , Guan, J. C. , Pun, K. F. , & Tang, E. P. Y. An audit of technological innovation capabilities in chinese firms: Some empirical findings in Beijing, China. *Research Policy*, 2004, 33 (8): 1123 – 1140.

［382］Yang, J. , & Liu, C. Y. New product development: An innovation diffusion perspective. *Journal of High Technology Management Research*, 2006, 17 (1): 17 – 26.

［383］Yoo, S. J. , Sawyerr, O. , & Tan, W. L. The impact of exogenous and endogenous factors on external knowledge sourcing for innovation: The dual effects of the external environment. *Journal of High Technology Management Research*, 2015, 26 (1): 14 – 26.

［384］Yuan, L. , & Chen, X. Managerial learning and new product innovativeness in high – tech industries: Curvilinear effect and the role of multi-level institutional support. *Industrial Marketing Management*, 2015, 50: 51 – 59.

［385］Yperen, N. W. V. , & Hagedoorn, M. Do high job demands increase intrinsic motivation or fatigue or both? the role of job control and job social support. *Academy of Management Journal*, 2003, 46 (3): 339 – 348.

［386］ Zahra, S. A. Governance, ownership, and corporate entrepreneurship: The moderating impact of industry technological opportunities. *Academy of Management Journal*, 1996, 39 (6): 1713 – 1735.

［387］ Zahra, S. A. , & George, G. Absorptive capacity: A review, reconceptualization and extension. *Academy of Management Review*, 2002, 27 (2): 185 – 203.

［388］ Zhang, J. , & Duan, Y. The impact of different types of market orientation on product innovation performance. *Management Decision*, 2010, 48 (6): 849 – 867.

［389］ Zhang, Y. , & Li, H. Innovation search of new ventures in a technology cluster: The role of ties with service intermediaries. *Strategic Management Journal*, 2010, 31 (1): 88 – 109.

［390］ Zhang, M. , Zhao, X. , & Lyles, M. Effects of absorptive capacity, trust and information systems on product innovation. *International Journal of Operations & Production Management*, 2018, 38 (2): 493 – 512.

［391］ Zhang, D. D. Absorptive capability and its mediating effect on the learning and market orientations' influences on performance. *International Journal of Technology Marketing*, 2009, 4 (2/3): 275 – 288.

［392］ Zhao, X. , Flynn, B. B. , & Roth, A. V. Decision sciences research in China: A critical review and research agenda – foundations and overview. *Decision Sciences*, 2006, 37 (4): 451 – 496.

［393］ Zheng, S. , Zhang, W. , & Du, J. Knowledge – based dynamic capabilities and innovation in networked environments. *Journal of Knowledge Management*, 2011, 15 (6): 1035 – 1051.

［394］ Zhou, K. Z. , Yim, C. K. , & Tse, D. K. The effects of strategic orientations on technology – and market – based breakthrough innovations. *Journal of Marketing*, 2005, 69 (2): 42 – 60.

［395］ Zysman, J. , & Newman, A. How revolutionary was the digital revolution? *Stanford, CA: Stanford University Press*, 2006.

附录

附录 I 变量量表及小样本信度检验

表 1 市场导向量表

变量	题 项	来源
市场导向	公司以客户满意度为目标。 我们了解客户对我们产品和服务的评价。 我们的战略是为顾客创造更多价值。 公司管理者经常拜访重要客户，了解客户未来的产品或服务需求。 我们对竞争对手非常了解。 如果竞争对手针对我们的客户展开密集行动，我们会立即作出反应。 公司高层管理人员经常对竞争对手的优势与战略展开讨论。 我们经常利用机会来打击竞争对手的弱点	Ellis（2007）

来源：Ellis, P. D. Distance, dependence and diversity of markets: effects on market orientation. *Journal of International Business Studies*, 2007, 38（3）: 374 – 386.

表 2 技术机会量表

变量	题 项	来源技术
机会	在我们行业里，产品或服务的创新机会很多。 在我们行业里，新技术的创新机会很多。 在我们行业里，研发投入比其他行业高。 在我们行业里，经常会有重大技术突破机会。 在我们行业里，技术变化迅速	Zahra（1996）

来源：Zahra, S. A. Governance, ownership, and corporate entrepreneurship: the moderating impact of industry technological opportunities. *Academy of Management Journal*, 1996, 39（6）: 1713 – 1735.

表3 　　　　　　　　　　　新产品创新绩效量表

变量	题　项	来源
产品创新绩效	这项新产品或服务达到既定的销售目标。 这项新产品或服务达到公司预定的资产收益率目标。 这项新产品或服务达到公司预定的市场份额目标。 相对于我们的主要竞争对手，这项新产品或服务整体表现良好	Tsai and Yang （2013）

来源：Tsai, K. H. , & Yang, S. Y. Firm innovativeness and business performance：The joint moderating effects of market turbulence and competition. *Industrial Marketing Management*, 2013, 42（42）：1279 –1294.

表4 　　　　　　　　　　　吸收能力量表

变量	题　项	来源
吸收能力	在新产品开发过程中，我们能成功地学习新知识。 我们能有效发展具有潜在影响力的新知识或新见解。 我们能够识别与获取内部和外部知识。 我们具有良好的流程或惯例来识别、评判、导入新信息和知识。 我们有足够的流程或惯例对获得的信息和知识进行分析。 我们有充分的流程或惯例来吸收新信息和知识。 我们能将现有知识与获得的新信息和知识进行成功整合。 我们能有效地将现有信息转换为新知识。 我们能成功地利用内部和外部信息与知识，并加以转化供我们使用。 我们能有效利用知识用于新产品/服务	Iyengar *et al.* （2015）

来源：Iyengar, K. , Sweeney, J. R. , & Montealegre, R. Information technology use as a learning mechanism：the impact of it use on knowledge transfer effectiveness, absorptive capacity, and franchisee performance. Mis Quarterly, 2015, 39（3）：615 –641.

表5 　　　　　　　　　　　市场动荡性量表

变量	题　项	来源
市场动荡性	在我们的行业中，客户的产品偏好经常改变。 我们的客户倾向于一直寻找新产品。 我们的顾客有时候很在意价格，但在其他状况下又变得不在意价格。 以前从未买过我们产品的顾客现在开始成为新顾客。 新顾客与现有顾客在产品相关需求上是不同的	Jaworski and Kohli （1993）

来源：Jaworski, B. , & Kohli, A. K. Market orientation：Antecedents and consequences. *Journal of Marketing*, 1993, 57（3）：53 –71.

表6　　　　　　　　　　　　竞争强度量表

变量	题　项	来源
竞争强度	在我们行业中，竞争十分激烈。 在我们行业中，有许多"促销大战"。 同行提供的新服务/产品，其他竞争对手很快也能提供。 价格竞争是我们行业的一个标志。 竞争行动随处可见	Zhou *et al.*（2005）

来源：Zhou, Chi, & Tse. The effects of strategic orientations on technology – and market – based breakthrough innovations. *Journal of Marketing*, 2005, 69（4）: 42 – 60.

表7　　　　　　　　　　　　机会感知量表

变量	题　项	来源
机会感知	我们公司领导经验和知识丰富。 公司领导通过多种途径接受外部环境变化信息。 我们公司信息从下至上传递途径有很多。 我们公司领导有能力筛选有用信息。 我们公司领导有能力辨识新机会。 我们公司领导有能力对环境变化作出回应	Lin *et al.*（2016）

来源：Lin, H. F., Su, J. Q., & Higgins, A. How dynamic capabilities affect adoption of management innovations. *Journal of Business Research*, 2016, 69（2）: 862 – 876.

表8　　　　　　　　　　　　变量信度分析

题　项	Cronbach's α
市场导向	0.826
技术机会	0.842
新产品创新绩效	0.858
吸收能力	0.940
竞争强度	0.904
市场动荡性	0.744
机会感知	0.891

附录Ⅱ 问卷

尊敬的女士/先生：

您好！感谢您在百忙之中能抽出时间填写问卷，本问卷是一份学术性问卷，用于本人博士毕业论文研究，主要目的是了解企业创新驱动对创新绩效的影响。所有资料仅供学术分析使用，请您根据所了解的实际情况耐心作答，本人承诺您所提供的所有信息将严格保密，本调查属于匿名调查，不会涉及个人隐私。谢谢合作！

本问卷分为两部分：

请您基于公司近 3 年内，所提供的新产品或新服务，依据您对这项产品或服务开发过程中的看法，请根据您对各问项的同意程度来回答下列问题，并在适当的位置打"√"。"1"代表非常不同意，"2"代表不同意，"3"代表一般，"4"代表同意，"5"代表非常同意。

注解：新产品或新服务包含提供"全新的新产品或新服务""改善现有产品或服务""改善产品或服务的生产流程"。

第一部分：问卷填写

一、在这项新产品或服务的开发过程中，从下列陈述中指出您认为合适的同意程度。

序号	题 项	1	2	3	4	5
1	公司以客户满意度为目标。					
2	我们了解客户对我们产品和服务的评价。					
3	我们的战略是为顾客创造更多价值。					

续表

序号	题　项	1	2	3	4	5
4	管理者经常拜访重要客户，了解客户未来的产品或服务需求。					
5	我们对竞争对手非常了解。					
6	如果竞争对手针对我们的客户展开密集行动，我们会立即作出反应。					
7	公司高层管理人员经常对竞争对手的优势与战略展开讨论。					
8	我们经常利用机会来打击竞争对手的弱点。					
9	在我们行业里，产品或服务的创新机会很多。					
10	在我们行业里，新技术的创新机会很多。					
11	在我们行业中，研发投入比其他行业高。					
12	在我们行业里，经常会有重大技术突破机会。					
13	在我们行业里，技术变化迅速。					

二、在这项新产品或服务开发过程中，请于适当位置勾选您认为合适的同意程度。

序号	题　项	1	2	3	4	5
1	在新产品开发过程中，我们能成功地学习新知识。					
2	我们能有效发展具有潜在影响力的新知识或新见解。					
3	我们能够识别与获取内部和外部知识。					
4	我们具有良好的流程或惯例来识别、评判与导入新信息和知识。					
5	我们有足够的流程或惯例对获得的信息和知识进行分析。					
6	我们有充分的流程或惯例来吸收新信息和知识。					
7	我们能将现有知识与获得的新信息和知识进行成功整合。					
8	我们能有效地将现有信息转换为新知识。					
9	我们能成功地利用内部和外部信息、知识并加以转化供我们使用。					
10	我们能有效利用知识用于新产品/服务。					

三、对于这项新产品或服务的描述，请于适当位置勾选您认为合适的同意程度。

序号	题　项	1	2	3	4	5
1	这项新产品或服务达到既定的销售目标。					
2	这项新产品或服务达到公司预定的资产收益率目标。					
3	这项新产品或服务达到公司预定的市场份额目标。					
4	相对于我们的主要竞争对手，这项新产品或服务整体表现良好。					

四、对于公司所处的环境，根据下列陈述，请指出您认为合适的同意程度。

序号	题　项	1	2	3	4	5
1	在我们的行业中，客户的产品偏好经常改变。					
2	我们的客户倾向于一直寻找新产品。					
3	我们的顾客对于价格敏感度差异很大。					
4	以前从未购买过我们产品的顾客现在开始成为新顾客。					
5	新顾客与现有顾客在相关产品需求上是不同的。					
6	在我们行业中，竞争十分激烈。					
7	在我们行业中，有许多"促销大战"。					
8	同行提供的新服务/产品，其他竞争对手很快也能提供。					
9	价格竞争是我们行业的一个标志。					
10	竞争行动随处可见。					

五、在这项新产品或服务开发过程中，请于适当位置勾选您认为合适的同意程度。

序号	题　项	1	2	3	4	5
1	我们公司管理者经验和知识丰富。					
2	公司通过多种途径接受外部环境变化信息。					
3	我们公司信息从下至上传递途径有很多。					
4	我们公司管理者有能力筛选有用信息。					
5	我们公司管理者有能力辨识新机会。					
6	我们公司管理者有能力对环境变化做出回应。					

第二部分：公司基本信息（请填写，并在相应的选项上打√）

请问在回答上述问题时，您是基于新产品还是新服务？	□新产品　　□新服务
公司成立时间	□3 年以下　　□3～5 年　　□5～10 年　　□10～15 年 □15～20 年　　□20～25 年　　□25 年以上
您在公司中的职位层级	□高层管理者　　　　　　　□中层管理者 □初级管理者　　　　　　　□基层管理者
主营业务	□电脑、电子、光学制品　□制药、医药化学、医药生物科技　□电子零组件　□软件和信息技术服务　□计算器　□无线电　□电视及通信设备业　□医疗设备　□精密和光学设备　□航空器及宇宙飞船业　□搜索引擎　□门户网站　□即时通信　□电子商务　□其他
发展阶段	□创立期　　　□成长期　　　□成熟期　　　□衰退期
公司规模	□50 人以下　□50～100 人　□101～200 人　□201～500 人 □501～1000 人　□1001 人以上
请问您在贵公司的工作时间	□1～2 年　　□3～5 年　　□5～10 年　　□10～15 年　　□15～20 年 □20 年以上
您的工作经验	□3 年以下　　□3～5 年　　□5～10 年　　□10～15 年　　□15～20 年 □20 年以上
您所在企业及工作岗位	请在此填写：＿＿＿＿＿＿＿＿＿＿＿＿＿

　　本问卷到此结束，再次谢谢您的合作！祝您身体健康，祝福贵企业发展蒸蒸日上！

图书在版编目（CIP）数据

数字经济时代创新驱动对企业创新绩效影响研究／
屈燕著. －－北京：经济科学出版社，2023.9
ISBN 978－7－5218－5118－2

Ⅰ.①数… Ⅱ.①屈… Ⅲ.①技术革新－影响－企业
绩效－研究 Ⅳ.①F272.5

中国国家版本馆 CIP 数据核字（2023）第 172336 号

责任编辑：宋艳波
责任校对：易 超
责任印制：邱 天

数字经济时代创新驱动对企业创新绩效影响研究
屈 燕 著
经济科学出版社出版、发行 新华书店经销
社址：北京市海淀区阜成路甲 28 号 邮编：100142
编辑部电话：010－88191469 发行部电话：010－88191522
网址：www.esp.com.cn
电子邮箱：esp@esp.com.cn
天猫网店：经济科学出版社旗舰店
网址：http://jjkxcbs.tmall.com
固安华明印业有限公司印装
710×1000 16 开 11.25 印张 200000 字
2023 年 9 月第 1 版 2023 年 9 月第 1 次印刷
ISBN 978－7－5218－5118－2 定价：68.00 元
（图书出现印装问题，本社负责调换。电话：010－88191545）
（版权所有 侵权必究 打击盗版 举报热线：010－88191661
QQ：2242791300 营销中心电话：010－88191537
电子邮箱：dbts@esp.com.cn）